国培计划——中西部项目甘肃省边远小规

复式教学实践创新与理论研究丛书

丛书主编 孙冬梅

复式教学新论

（第二版）

主 编 孙冬梅

兰州大学出版社
LANZHOU UNIVERSITY PRESS

图书在版编目（ＣＩＰ）数据

复式教学新论 / 孙冬梅主编. -- 2版. -- 兰州：兰州大学出版社，2016.3（2022.3重印）
（复式教学实践创新与理论研究丛书 / 孙冬梅主编）
ISBN 978-7-311-04892-1

Ⅰ．①复… Ⅱ．①孙… Ⅲ．①小学－复式教学－教学研究 Ⅳ．①G622.421

中国版本图书馆CIP数据核字(2016)第052895号

策划编辑　陈红升
责任编辑　马继萌
封面设计　郇　海

书　　名　**复式教学新论(第二版)**
作　　者　孙冬梅　主编
出版发行　兰州大学出版社　（地址:兰州市天水南路222号　730000）
电　　话　0931-8912613(总编办公室)　0931-8617156(营销中心)
　　　　　0931-8914298(读者服务部)
网　　址　http://www.onbook.com.cn
电子信箱　press@lzu.edu.cn
印　　刷　兰州人民印刷厂
开　　本　710 mm×1020 mm　1/16
印　　张　16.25(插页2)
字　　数　246千
版　　次　2016年3月第2版
印　　次　2022年3月第2次印刷
书　　号　ISBN 978-7-311-04892-1
定　　价　30.00元

(图书若有破损、缺页、掉页可随时与本社联系)

总　序

2012年9月国务院办公厅在《关于规范农村义务教育学校布局调整的意见》（以下简称《意见》）中指出，"办好村小学和教学点""中心学校要发挥管理和指导作用，统筹安排课程，组织巡回教学，开展连片教研，推动教学资源共享，提高村小学和教学点教学质量"。《意见》对如何办好村小学与教学点等小规模学校进行了较为全面的规定，从经费保障、师资保障、教育信息化建设和学校管理等方面提出要求。

《意见》的出台意味着教育部对中小学布局调整有新的思路，各地学校布局结构调整要做到因地制宜，方便孩子就近入学，发展和提高边远小规模学校的办学质量是一个重点方向。复式教学作为一种特殊的教学组织形式，适用于边远小规模学校。它可以解决因学生数量过少而导致的教与学氛围不足的问题，同时可以提高教学效益，促进不同年级儿童在课堂中互助互学，共同发展，共同成长。"同动同静"复式教学新模式的探索总结，切合当前教育部提出的办好村小和教学点的指导思想,对于提高边远小规模学校的复式教学质量有着重要的意义。

目前,中国乡村仍然存在大量的小规模学校,仍然有大量的教师在小规模学校任教,在职前他们接受的教育是学科专业、单班教学的培养,职后培训也多以单一学科为主,不具备全科教师的基本素养,也不知道复式教学的组织形式。我们常看到的现状是,由于年级多,而同一年级的学生少,几位教师因采用单班授课、分科教学而忙得焦头烂额,学生也由于人数少(甚至1位学生一个班),没有学伴,没有同学,因而产生厌学情绪。

2012年《小学教师专业标准》中对"学科知识"的要求规定为"适应小学综合性教学的要求,了解多学科知识"。2015年,北京率先大规模地进行小学综合学科教学的改革,浙江省教育厅首次提出"全课程"理念,鼓励教师开展包班教学,协同教学,跨班级、跨年级走班授课,甘肃省教育厅也提出"培养全科型小学教师"等目标。这些举措,或许在不远的将来,会使语文、数学、英语、音乐、美术、体育这些课程概念不复存在,取而代之的只有一个个主题和相应的教学活动。这些恰好是复式教学这种特殊的课堂组织形式的优势所在。

中国基础教育阶段的课程革命正静悄悄地袭来,乡村小规模学校生活化、乡土化、社区化,将为孩子们提供一种有根的教育,这应当是中国教育改革的前瞻性方向所在。复式教学将大有作为。

　　本丛书的前身是2011年兰州大学出版社出版的"复式教学实践创新与理论研究丛书",包含《复式教学新论》《复式教学支持策略》《小学语文复式教学指南》《小学数学复式教学指南》,该丛书系统地介绍了兰州大学西部基础教育研究与培训中心,经过十年研究历程创新的复式教学"同动同静"新模式,以及新模式在小学1—2年级低学段语文、数学学科中的运用。2012年起,作为教育部、财政部"国培计划"——中西部农村骨干教师培训项目教材和甘肃省教育厅"省培计划"乡村小规模学校教师培训教材——深受一线教师的欢迎,被称为"农村教学史上的革命"和"最接地气的教学研究成果"。2013年荣获中共甘肃省委、甘肃省人民政府授予的甘肃省第十三届哲学社会科学优秀成果三等奖。

　　丛书自出版问世以来,项目组成员通过参与多年的"国培计划""省培计划",以及应邀参与省内外的乡村教师研修活动以来,积累了有关乡村小规模学校复式教学的许多新资料,在《复式教学新论》(第二版)、《复式教学支持策略》(第二版)中做了介绍、总结和论述。与此同时,应大量一线教师的强烈需求,乐施会资助项目组在"甘肃农村地区复式教学实践创新与理论研究"研发教材的基础上,继续研发复式教学"同动同静"新模式教学资源包。本次资源包的撰写主要以国家课程标准为准绳,以人民教育出版社、北京师范大学出版社等农村地区使用频率较高的教材为参考,研发"同动同静"复式教学新模式在小学中学段、高学段语文、数学以及英语学科的运用,有《小学语文复式教学指南(中学段)》《小学语文复式教学指南(高学段)》《小学数学复式教学指南(中学段)》《小学数学复式教学指南(高学段)》。因大部分农村小学是从三年级起开设英语课,所以,项目组编写了《小学英语复式教学指南(中学段)》《小学英语复式教学指南(高学段)》。

此次出版的资源包,不仅包括初次出版的四本书,还包括新研发的中、高学段六本书,共计十本书。它不仅能为复式教师提供相关的理论与实践指导,而且也可以促使复式教学"同动同静"新模式能够落实在各个学段的复式课堂中,从而提高边远小规模学校的整体办学质量,为小规模学校学生的发展创设良好的学习环境。

香港乐施会中国部副总监 李会元

2015 年 11 月 20 日于香港

前　言

　　随着我国新一轮基础教育课程改革的实施，我国农村地区从事复式教学的教师迎来了新的挑战和新的期待。课程理念和课堂教学发生的变革，激发了复式教学教师们的改革热情，但同时也使许多复式教学教师感到困惑和痛苦。变革是一个痛苦的过程，但是我们必须面对。为使广大的农村基层教师快速适应变革，减少"思变"和"适变"的痛苦，"甘肃农村地区复式教学实践创新与理论研究"项目组，试图探索出一种"以儿童发展为中心"的复式课堂教学组织与管理新模式，旨在提升广大农村复式教学教师关爱学校和教育教学的能力，促进复式教学教师的专业发展，进而提高农村复式教学质量，保障复式班儿童的全面发展。

（一）

　　"甘肃农村地区复式教学实践创新与理论研究"项目的主要任务之一，就是开发适用"同动同静"新模式的系列丛书，为农村从事复式教学教师的专业发展提供技术支持。在项目地区长达两年的行动研究中创新的复式教学"同动同静"模式，是在继承传统复式课堂教学"动静搭配"模式优点的基础上创建的一种新模式。"同动同静"新模式力图迎合新课程改革所倡导的理念，以追求复式课堂教学的质量和效率为最终目的。在基线调研的基础上，项目组确定了系列丛书的主要内容。系列丛书由十本教材组成，分别是：《复式教学新论》(第二版)、《复式教学支持策略》(第二版)、《小学语文复式教学指南(低学段)》、《小学语文复式教学指南(中学段)》、《小学语文复式教学指南(高学段)》、《小学数学复式教学指南(低学段)》、《小学数学复式教学指南(中学段)》、《小学数学复式教学指南(高学段)》、《小学英语复式教学指南(中学段)》和《小学英语复式教学指南(高学段)》。

《复式教学新论》(第二版)是与复式教学有关人员自学的读本。充分考虑到自学者的特点，本书中各个单元的设计主要是通过自学者在学习过程中对各种活动的完成，促其理解、掌握并尝试应用学习内容。挖掘经验、参与活动、双向交流、方法指导是构成本书的基本要素，也形成了本书鲜明的特色。所以，在"做中学"、"学中思"、"思中做"是本书最大的一个亮点。

快速浏览本书中任何一个单元的内容，你都会发现，本书既适合有一定教学经验的在职复式教学教师自学之用，同时也适合复式教学培训者使用。此外，职前教师、学校行政人员以及特殊教育工作者等也都是本书潜在的读者。本书与其他的面授教材不一样，具有以下几个显著的特点：首先，确定学习目标，学习任务清楚。在各单元的开篇中，皆提出了自学者应该达到的目标，学习内容、时间以及学习本单元需要准备的材料。其次，借助实践应用，主动建构知识。各单元设计了形式多样的实践活动，帮助自学者理解学习内容，反思教学管理实践，探索改革方式。再次，开展理论讲堂，提升实践经验。每个小节的最后都有理论讲解部分，注重提升复式教学教师的经验，把理论转化为实践的行动策略，帮助教师将理念具体化。

本书在学习内容上力图为自学者提供一种新的视角，鼓励自学者自己对学习和过程提供反馈和评价，以促使他们有深度地理解或挖掘一些问题背后的东西，使自学者的自学过程为一种深层次的学习。本书设计的诸多实践活动，要求并鼓励自学者积极参与，并付诸自己的复式教学管理实践中，这本身就有助于形成复式教学教师提高自尊和自信，树立改革的信心，进而采取行动来改变现状，促进自身的专业成长，同时也增添了本书作为一种自学手册的趣味性和实用性。

(二)

《复式教学新论》(第二版)一书为直接面向我国农村复式教学教师的自学教材。这种自学是一个非常个性化的过程，为了获得最佳的学习效果，不同的人可能会有不同的学习进度、不同的学习方式、不同的学习需求。你可以从头开始，逐渐递进地学习，使之形成体系；你也可以根据自己的情况，有选择地学习，使之更具有针对性。所以，本书各单元的设计既相互联系，又相

对独立。我们建议本书自学 50 个学时,各单元的学习时间分布如下表:

单元	主题	建议学时
1	复式教学概述	2
2	复式教学的课堂结构	4
3	复式教学的组合形式	2
4	复式教学方案的设计	5
5	复式教学的教学手段	4
6	复式教学组织形式的管理	2
7	复式教学中儿童的学习需求	3
8	复式班学生学习能力的培养	5
9	复式班学生参与课堂学习的技巧	3
10	再识课堂管理	4
11	复式课堂中的师生角色	3
12	复式班的课堂教学规则	3
13	复式班教室环境的设计	3
14	复式班课堂管理技巧	3
15	单式班复式教学策略	4

本书的体例有许多开放的空间,留给自学者自己回顾、反思和推断,所以,提出的一些问题没有统一的标准答案。自学者可根据自己的教学实情,将本书中设计的一些活动运用于实践。

《复式教学新论》(第二版)重点论述了复式教学的沿革及国内外的发展状况,新模式解读,复式班的课堂管理,复式儿童的学习指导,教室环境的营造等内容,以便促使复式教师有深度地理解和反思一些课堂教学行为。期望本书能真正成为指导教师自学的得力助手。

(三)

本系列丛书由"甘肃农村地区复式教学实践创新与理论研究"项目专家组负责人、兰州大学教育学院孙冬梅教授组织、策划。《复式教学新论》(第二版)一书是该项目开发的系列丛书之一。

　　本书的主编为孙冬梅(兰州大学)。具体参与编写的成员及分工如下:课程说明和第2、4单元由孙冬梅(兰州大学)编写;第1单元由吴斌(兰州大学)编写;第3、6、11单元由王秋贤(兰州爱德英语学校)编写;第5单元由黄坤(天津科技大学)编写;第7单元由柴小娜(兰州大学)编写;第8单元由尹丽丽(江苏省邗江中学)编写;第9、14单元由王进才(河西学院)编写;第10单元由彭文涛(重庆工商大学)编写;第12、13单元由马彩云(兰州大学)编写,第15单元由马金玲(甘肃省教育科学研究所)编写。兰州大学教育学院研究生梅红娟、胡慧妮、王丽霞等同学参与了校对。全书由孙冬梅负责统稿。

　　本书的编写工作历时两年有余,是编写人员与项目县教育部门、项目学校师生、几届研究生共同参与的成果,乐施会兰州办公室项目官员关玉凤女士为本书的编写工作提供了大力支持,兰州大学出版社、甘肃省教育厅基础教育处为本书的顺利出版提供了极大帮助,兰州商学院艺术设计学院陈泊钧同学为本书绘制了精美插图。同时,项目组在写作过程中参阅并引用了许多同行的观点和材料,未能一一注明具体的作者姓名,在此对他们一并表示衷心的感谢!

　　本书的编写工作由香港乐施会资助,但书中的观点并不代表香港乐施会的观点。

　　本书的编写人员虽殚精竭虑,几易其稿,仍因水平有限,难免有疏漏和不妥之处,敬请读者在自学过程中给予批评指正,也请同行不吝赐教,以便再作修改,使之更加完善。

《复式教学新论》(第二版)编写组

2015年11月于兰州

目　录

单元1　复式教学概述

　　复式教学是我国基础教育中长期存在的一种教学组织形式,了解复式教学的起源和组织形式,对于保证我国基础教育尤其是边远农村地区基础教育的普及有不可替代的历史作用和现实意义。

学习目标

　　本单元学习完后,你将能够:

- 用自己的话界定"复式班"和"复式教学"
- 阐述复式教学的历史与发展过程
- 阐述复式教学在我国新的历史条件下的地位和作用

学习内容

　　本单元将包括以下内容:

　　第1节　复式教学的发展历史

　　第2节　新理念下的复式教学

学习时间

　　本单元的学习需要两个学时

你需要的材料

　　这部分学习,你需要准备以下材料:

- 相关教育专业书籍
- 笔记本

第 1 节
复式教学的发展历史

在基础教育中,从班级组织结构上讲有"单式班"和"复式班",从教学组织形式上讲有"单式教学"和"复式教学"。具体地讲,"复式班"是在一间教室里编排两个或两个以上的年级。"复式教学"是由一位教师,在同一间教室里、同一课时内,对两个或两个以上的年级进行教学,完成和单式班同样的教学任务,达到同样的课程标准和要求。在一间教室里,只有一个年级的,叫"单式班"。在单式班里进行教学,叫"单式教学"。

从组织形式上来看,只有一位教师,一间教室,编排两个或两个以上年级的小学,叫"单班复式小学",又叫"单人小学"。"单班复式小学",日本叫"单级学校",德国叫"单人教师学校",美国叫"一间教室制学校",瑞士叫"集体学校",在我国的清朝末年和民国初年,单班复式小学也叫"单级小学",其教学方法称"单级教学法"。

一所小学,有两位教师,两间教室,每间教室内各编排两个或两个以上年级的,叫"双班复式小学",又叫"双人小学"。另外,还有一种情况:在一所小学里,有复式班,又有单式班,叫"复式戴帽"。

根据你的经验,你认为应该如何定义"复式班"和"复式教学"?

请将你的看法写在下面的空白处:

请在下定义后和其他同事交流一下，看你们的定义有什么异同？

请将你们的异同写在下面的空白处：

请你完成下列活动，之后将会使你对复式教学有一个重新的认识。

活动 1.1　看一看

你有没有经历过复式教学？在你的身边还有没有复式教学的情况存在？如果有，比例大概有多大？都有哪几种形式？

实践应用

对复式教学概念的学习是很重要的。首先，要求学习者在学习基本概念和基本理论的时候，从概念产生的环境、发展的历史、存在的意义以及用途等方面入手；其次，结合自身经历或经过实地了解，简单做一个统计，看看本地区是否有被"遗忘"的复式教学点？其真实情况如何？大概有多大比例？是否有新生的复式教学班（是指由于学生人数减少，以前的完全小学成为只有 1~3 年级的学校，加上师生比的限制，学校就会将一些年级合并起来进行复式教学）？都有哪几种形式？

理论讲堂

关于复式教学的起源问题有两种说法。一种是复式教学萌芽于孔子创办的私塾,到了清朝康熙年间,已经成为一种较为普遍的教学形式。新中国成立前,我国广大农村地区的小学,有95%以上都是采用复式教学的组织形式。

另一种说法以为,复式教学起源于德国在1854年制定的"单级学制"。日本在"明治维新"以后学习德国,也在农村小学进行复式教学,并于1892年颁布法令,在全国推行。

1902年(光绪二十八年),江苏省无锡侯鸿鉴先生留学日本弘文师范学院,把日本复式教学的情况介绍到中国。当时官费、自费去日本学习师范教育的也很多,这些学生修业年限自半年至三年不等,而多数为速成生。回国后,他们大力宣传师范教育和复式教学。为解决复式教学师资问题,1909年,江苏教育总会选派办学成绩显著的优秀教师杨保恒、周维成、俞子夷前往日本考察"单级教授"情况,二月东渡,五月归国,七月在沪开办"单级教授练习所",培训复式教学的师资,并择定两所"官塾"(小学)为学员实习教授之所。其后,复式教学在中国进一步推广。

辛亥革命后,复式教学在全国开始推行。1914年,在中华民国教育部的有关文件里,就有"满二百户以上者,设单级小学校"的规定。到20世纪30年代,复式小学已遍及全国广大农村,有关复式教学的著述大量出版。抗日战争爆发之后,抗日根据地多在山区的农村,复式教学便成为根据地小学教育的主要教学组织形式。

新中国成立后,复式教学进一步得到发展。在20世纪50年代,曾呈现空前的昌盛局面。80年代至90年代,由于计划生育的实施,学龄儿童逐年减少,农村小学的设点、编班发生新变化,在农村小学中,复式教学现象明显有所增加。据1985年的统计显示,河北省在49 346所小学中,有教学班195 579个,其中复式班43 397个。陕西省千阳县开设复式班的小学38所,所占比例为

46.3%；小学阶段共 418 个教学班中，复式班 69 个，占 16.5%；598 名小学在任教师中，担任复式教学的教师 134 人，占 22.4%；全县 10 263 名农村小学生中，接受复式教学的学生达 1 887 名，占 18.4%。经济文化比较发达的江浙地区，同样有较大比例的复式小学。据江苏省 1986 年的统计，在全省 183 233 个小学班中，有复式班 17 000 个，南京市的 11 857 个小学班中，有复式班 937 个。浙江省杭州市，在所辖 7 个郊区中，复式小学和设有复式班的小学 3 068 所，占全部小学总数的 75%。

根据形式的发展与需要，近几年来，随着农村城镇化的进程不断加速，许多地区对农村中小学的学校布局进行了合理化的调整，但小学中、低年级的复式教学仍占有举足轻重的地位。截至 2009 年，甘肃省会宁县 28 个乡镇分布有复式教学点共计 88 所；全县共有小学教学班 2 748 个，其中复式教学班 214 个，占全县小学教学班总数的 7.79%。根据《会宁县中小学布局调整规划》，从 2009 年起到 2015 年，分阶段完成布局调整后，全县教学点将有 177 所，比现在增加 89 所。

第 2 节
新理念下的复式教学

当前，有许多教育人士认为，复式教学在中国可以取消了。理由是改革开放 30 年，国民经济水平得到了巨大的提高，温饱问题基本解决，国民富裕了，复式教学不符合我国的国情；新的教育思想，难以在复式班贯彻实施；复式班课堂教学头绪多、教学线路复杂，教学质量难以提高。你认同上述观点吗？

请将你的看法写在下面的空白处：

请你完成下列活动，之后将会使你对新理念下的复式教学有一个新的认识。

> **活动 1.2　想一想**
>
> 　　你认为在新课程改革的浪潮下，复式教学有哪些优点和不足？你认为现阶段复式班的存在还有没有必要？为什么？

实践应用

　　世上的任何事物都是具有普遍联系和内在规律的。只要我们认真地去研究复式班课堂教学结构的内在联系、相互关系，复式教学就一定能够达到和单式班同等的教学质量要求。

　　复式班与单式班的课堂教学结构有根本区别。它们明显的不同点是：

　　单式班课堂在一个空间里，只编排一个年级，由一位老师执教；而复式班的课堂在一个空间里编排两个或两个以上的年级，仍由一位老师执教。

　　单式班教学在一个课时里，只对一个年级进行一门课程的教学，完成一门课程的教学任务；而复式班教学在同一课时内，要对两个或两个以上的年级进行两门或两门以上的课程教学，完成两门或两门以上的教学任务。

　　单式班教学的对象只限于一个年级，不存在互相争时的矛盾；而复式班教学，由于年级多、教学任务重，各年级直接教学时间少，并都受到限制和制约，如果时间安排不合理就无法完成各年级的教学任务。

　　单式班教学只涉及一个年级的教学内容、教学步骤、教学手段及教学方法，它的教学目的统一；而复式班教学，涉及多个年级的教学内容、教学步骤、教学手段及教学方法，用复式教学"同动同静"新模式进行教学，把各年级学生的直接教学与各年级学生的课堂作业有条不紊地统一起来，保证各年级的教学信息同步分流，同步消化，同步反馈，同步提高。

　　复式班课堂教学线路结构存在潜在的优势。复式班客观的课堂教学结构形成了学生自主的"学"、老师的"导"交替循环的课堂线路教学架构,真正地实现了以学生为主体、教师为主导的要求,教师把学习的主动权交给了学生,让学生在"导"中学,"学"中练,使学生真正成为学习的主人,教师是学生学习的服务者、引导者和开拓者。这种教学结构符合儿童认识事物、接受和消化知识的规律,它能相互联系、相互作用,调节学生的学习情绪,激发学习兴趣,增强学生的活力,使学生在愉快中获得知识。

　　复式班的课堂教学结构与新课程标准要求的教学理念和方法完全吻合。新的课程标准强调形成积极、主动的学习态度,把获得基础知识与基本技能的过程变成学会学习和形成正确价值观的过程。复式班教学为学生主动参与、获取新知识,培养学生搜集、处理信息的能力,提供了一个良好、高效的学习环境和学习空间,为学生养成良好的学习习惯提供了可能条件。

　　复式教学有利于学生之间互教互学,相互促进。复式班除了具有单式班同年级成绩好的学生帮助后进同学的特点外,还有高年级帮助低年级的这一特点。遇到问题可以得到高年级同学的帮助,有助于培养学生团结互助的精神,而且可以起到相互促进的作用。

　　复式教学有利于教师业务水平和工作能力的提高。采用复式教学的教师,由于所担任的课程门类多、班级多,这就要求他们具备良好的知识结构和专业素养,在这种情况下,有利于促进教师更加认真地钻研业务,学习教学组织方法,成为全面发展的多面手。

　　如果掌握了上面所列的教学规律,复式班的教学质量不但不会低于单式班的要求,而且学生还能在自我学习能力、自我管理等方面取得在单式班中无法取得的进步。

理论讲堂

　　从地理环境看复式教学在我国存在的客观性。我国幅员辽阔,领土面积在世界上居第三位。但在全国总面积中,平原面积只占11%。一般来说,这些地区人口居住比较集中,村落较大,学龄儿童也较多。小学单式班占

98%以上,复式班则极少。但是,我国的山区和丘陵地区约占国土总面积的43%,高原地区约占国土总面积的26%,此外还有沙漠、荒原等。总的来说,这些地区居住比较分散,有些地区,一个村庄只有七八户人家,有的甚至只有一两户人家。有的两村相距少则几公里,多则数十公里。再考虑到我国基础教育适龄儿童近年来不断减少的趋势,在这样的地区要凑成一个单式班,需要方圆二三十公里的学生。这样,学生上学就很不方便,他们一天的往返路程近则几公里,远则十几公里。试想一下,这些孩子在往返学校的途中要花费多少时间和精力!由于路途遥远,就导致这些地区的适龄儿童入学年龄延后或者干脆就不上学接受教育,从而推迟了参加工作的年龄,或者产生新的文盲。如果在这些地区将适龄儿童聚集在一个中心点办单式班学校,这是不符合实际情况、不符合广大人民群众的根本利益的。如果我们坚持一切从实际出发,一切为了孩子,让每个适龄儿童都进得来、留得住、学得好,小学中低年级采用复式教学、就近办学,那么,既能方便儿童就近入学,杜绝新文盲的产生,又可以实现"普九"目标,巩固"普九"成果,从而加快普及农村小学教育的步伐,适应广大群众和现代化建设的需要。所以,复式教学这种教学组织形式,是很适合我国部分地区的实际情况的。

从国民经济基础看复式教学在我国存在的必要性。新中国成立初期,我国有四亿人口,复式教学这种教学组织形式,在我国城乡小学教育的普及过程中,起过举足轻重的作用。据统计,20世纪50年代初期采用复式教学的学校,约占小学总数的97%。随着生产力的不断发展,人民生活水平不断提高,人口增长率逐年增加,复式班比以前有所减少。但是,在广大农村地区,特别是老少边穷地区,复式小学仍然占有一定的比例。

众所周知,新中国成立时,国家一穷二白,教育事业非常落后,适龄儿童入学率不到20%。在党和人民政府的领导下,特别是在党的十一届三中全会以来,我国的经济得到了很快的增长,这给我国各类教育事业迎来了新的春天。同时国家还对贫困地区的农村教育给予财政转移支付的特殊政策帮扶,使我们这样一个拥有8亿农业人口的大国在教育领域上得到了翻天覆地的变化。但是,我们还要清醒地看到,我国人口多、底子薄,要办的事情还很多。目前我国综合国力还不够强,地区经济发展很不平衡,全国还有一定数量的农村贫困人口,国有企业还有一定的困难职工。我们应面对现实,根据我国的现实国情、国力,发扬艰苦奋斗的精神,在农村基础教育中,坚持单式、复式教学"两条腿"走路的方针,不断开拓创新,确保农村"普九"目标的全民实现和"普九"成果的全民巩固。

从师资力量看复式教学在我国存在的必然性。我国广大的西部农村缺乏一支数量充足、质量优良、相对稳定的教师队伍。基础教育的重点是农村教育,农村教育的难点在西部。西部农村教育要得到发展,师资力量的加强是关键。师资短缺严重制约着西部农村的教育发展。由于西部农村地区多数属于"老、少、边、山、穷"的地区,国家投入不足,经济发展落后,教师的工作、生活环境较差,交通不便,信息闭塞,待遇较低且时常拖欠。因此,西部地区的教师流失成为一个非常严重的问题,优秀教师从农村流向城市十分普遍,很多正规学校毕业的师范生宁愿去打工,也不愿去那里任教。这样的师资力量,难以促进西部农村教育的发展和完善,难以实现西部农村的可持续发展。师资短缺表现在以下三个方面:首先,代课教师数量居高不下。由于西部农村教师严重短缺,不得不另聘民教,导致代课教师大量出现。例如甘肃目前有公办小学教师9.7万人,而代课教师则高达4.2万人。这些代课教师学历层次低、教学水平令人担忧,主要分布在农村中小学,对学校的教学质量产生了一定的消极影响。其次,外语教师奇缺。西部农村中小学普遍缺乏外语教师,外语教学发展相对滞后,教学活动很难正常开展。有的学校虽然开设了英语课,但没有教师可以配备,专业不对口的教师专业知识缺乏,导致学生发音不准,令很多学生对外语课缺乏兴趣,难以提高学习成绩。最后,只能采用复式教学的方式进行教学活动。这虽然是一个无奈的解决问题的方法,但不可否认的是复式教学大大缓解了当前师资短缺这个制约广大农村基础教育的突出问题。

从复式班课堂教学结构看全面提高教学质量的确定性。有的人担心,复式教学的教学效果与质量是否能够达到新的课程标准和单式班教学质量的要求。这个问题的提出并不是没有道理的,因为复式课堂教学从表面上看,受特殊的条件限制,有它客观存在的弱点。例如:教学质量难以提高;学生安全不能保障;自主学习时间长,教师难以安排;课堂年级多,互相干扰大,教学组织工作困难;教材多,教师的备课工作量大,教师钻研教材和教学方法的时间不足等等。

从世界复式教学的发展看复式教学在我国存在的长效性。复式教学不是一个临时应急的措施,它是一个长期的工作,无论是在发达国家还是发展中国家都普遍存在,并具有很强的生命力。当前有许多国家都在采用复式教学:

1991 年,日本小学有复式班 7 893 个,占小学班级总数的 2.5%,初中有复式班 270 个,占中学班级总数的 0.2%。

在俄罗斯 1.8 万所农村小学中,有 1.55 万所只有 1 名教师,复式教学采用率很高。

韩国有 2%的学校进行复式教学, 其中 81%采用二级复式,19%采用三级复式。

2003 年 1 月 20 日—23 日, 联合国教科文组织在河北省保定市国际农村教育研究中心召开了国际农村教育研讨会, 会上多国的教育专家介绍了本国复式教学的经验。

2009 年 8 月, 中国教育学会复式教学专业委员会第八届年会暨复式教学西部论坛召开,来自贵州、云南、青海、陕西、湖南、河南、河北、甘肃等省(区)及中央教育科学研究所、天津教育科学研究所、兰州大学、甘肃省教育科学研究所的教研人员,市、县教育行政部门的负责人,一线复式教师共计100 余人,就"新形势下的复式教学的改革发展"展开了讨论。英国伦敦大学教授、印度教育行政部门官员就他们所了解的世界范围内的复式教学发展趋势进行了交流。

综上所述,复式教学在当今科学技术飞速发展、国民经济迅猛发展、人民生活水平不断提高、建立终身学习社会的今天, 显得具有更加广阔的明天。

总　结

教育的根本目的是促进人的发展, 只有真正有利于人的成长和发展的教育才称得上是真正的教育。复式教学作为教学活动的基本组织形式之一,在历史上,对我国基础教育的普及和国民素质的提高有不可替代的作用,直到今天,依然是我国人口居住分散的农村,特别是山区农村的一种重要的教学形式。

伴随着新课程改革的逐步推进,复式教学也面临一些挑战,但总的来讲,复式教学与新课改理念并不冲突,并且在渗透课改理念中有着自己独特的优势,更有助于学生自主、合作、探究的学习方式的形成。在全面推进课程改革的过程中,全面提高学生知识素养和人文素养,关键在于教师。只要我们复式班教师认真学习新课标,真正领会课程改革的精神实质,努力转变观念,在自己的灵魂深处进行一场观念革命,发挥复式教学的"潜在优势",大胆改革教学方法和模式,对于提高复式教学质量,一定会达到事半功倍的效果。

单元2　复式教学的课堂结构

复式班的课堂教学如果仍然以"动静搭配"为主要教学模式,那已不符合新课程改革和全面推进素质教学的要求,不符合现代社会人才培养的模式,也不符合学生身心发展的需要。为了优化课堂教学结构,提高课堂教学效率,复式教师必须懂得新理念下的复式教学带有普遍的、最基本的规律,只有这样,才能增强复式教学的自觉性、自为性,不断提高复式教学质量。

学习目标

本单元学习完后,你将能够:

- 给复式教学一个重新的评价
- 罗列出"动静搭配"模式的优势和不足
- 说出"同动同静"新模式的含义、特征及操作要求

学习内容

本单元将包括以下内容:

第1节　再识复式教学

第2节　复式教学的课堂结构

第3节　复式教学课堂结构新模式

学习时间

本单元的学习需要四个学时

你需要的材料

这部分的学习,你需要准备以下材料:

- 笔记本
- 复式教学的教案
- 字典

第1节
再识复式教学

　　复式教学是一种在世界范围内客观存在的、相对于单式教学而言的教学组织形式，在我国普及九年义务教育和基础教育布局中有着不可或缺的重要作用。目前,在我国农村特别是西部偏远农村地区,复式教学为适应当地的自然环境、经济发展水平的客观需要，发挥了单式教学不可替代的作用,它不仅已经跻身于多形式办学之林,而且为我国农村基础教育的改革与发展开辟了广阔的前景。

　　在我国,复式教学通常存在于交通不便、信息闭塞的偏远贫困山区、牧区等村学或教学点。但近年来随着农村基础教育布局调整,寄宿制学校的建设,加之农村城市化进程的加快,一些偏远的教学点逐渐被取缔或合并。可是,一些完全小学由于师生人数减少,加之三年级以上的学生要求在中心小学就读,考虑教育成本以及师生比等因素,一、二年级合班进行复式教学势在必行,故又催生出一批新的教学点。这批新教学点的老师学历高,单式教学经验丰富,但却不懂复式教学,不知道如何同时组织两个年级的教学,所以,复式教学自学手册就显得尤为重要。

　　你所在地区的复式教学情况如何? 如果你是一位复式教学老师,请将你所在的学校位置画出来。同时,以你自己熟悉的符号标出它与周围环境、村民、学校之间的位置关系。

　　请将你的学校画在下面的空白处:

借助上面的图画,你是如何看待复式教学的?你认为复式教学的发展前景如何?

请将你的看法写在下面的空白处:

从事复式教学的教师,往往认为复式教学是一种不得已而为之的教学组织形式,对此非常郁闷,甚至认为自己比单式教学的教师矮人一等。请你先放下无尽的抱怨,完成下列活动,想必会使你对复式教学有一个新的认识。

活动 2.1　比一比

表 2-1 为单式教学与复式教学的比较,请仔细对比,认真分析,按照要求完成表格的填写任务,并试着分析两种教学组织形式各自的优势和不足。

表 2-1　单式教学与复式教学的比较

序号	项　目	复式教学	单式教学
1	班里的年级数量		
2	班里的学生数量		
3	班里学生的年龄差异		
4	教师的教学任务		
5	教师的知识面		
6	课堂教学时间		
7	教师对学生的了解程度		
8	影响课堂教学的因素		

实践应用

请仔细思考单式教学与复式教学的异同，通过填写表2-1的活动，会使你对两种教学组织形式有一个比较全面的认识。可能的情况下，可以与你的同事或学习伙伴一起讨论，重点关注在新的教育理念下，单式教学与复式教学的特点以及各自所具有的优势和不足。同时，希望你能够通过此活动重新确立复式教学并不是教育、经济落后的代名词，它所具有的优势已被越来越多的教育人士所认同。

我们知道，单式教学是目前学校主要的、强势的教学组织形式，其优势：教学时间充足；教学任务单一；学生年龄水平相当，容易被照顾；教师工作量较少，更容易完成教学任务。但单式教学也有其劣势：班额大，学生多，进行小组活动时，容易出现分组不便；小组成员之间因时间少和人数多可能导致信息交流不足；人数多增加了课堂管理难度；教室空间狭小不方便学生活动；对学生的评价较片面等。

复式教学是一种特殊的教学组织形式，其优势：班级人数少，学生有较大的教室空间，便于开展学习活动；同一年级人数少，便于教师进行分组教学，便于对学生进行直接辅导，也便于小组成员充分进行信息交流；学生自主学习的时间多，可以为每个学生提供更多参与教学的机会；同一时空下不同年龄层次学生共同学习，有利于学生之间的互相帮助和互相促进，可以更好地体现复式教学原有的"以大带小，以小促大"的优势。此外复式教学的教师包班制，使教师对学生的了解更全面，便于教师对学生因材施教，也便于教师更客观地评价学生。同时包班制，需要教师从事各类学科的教学，使教师的知识结构更加合理。从复式教学存在地区来看，我们还可以发现复式学校、复式班基本都处于农村地区，在这里家长一般很少"干涉"学校的教育教学工作，使教师的教育教学工作有更多的自主性。然而，复式班教学也有其不足：教师直接教学时间较少，需要教师吃透教材，精讲多练；教师工作量大，教学任务过多，教学、行政双肩挑，使得教师精力有限；教师对学生虽然了解较全面，但有可能会对学生产生定势思维；在教学过程中，各年级之间

"声浪"等干扰因素比较多,加重了课堂管理的难度。

理论讲堂

作为教学组织形式,单式教学与复式教学有各自的优势。传统观念中,人们更多看到的是复式教学的不足。如果我们能够改变观念,静心思考和研究复式教学具有的班级人数少、自主学习时间多、不同年龄层次学生共同学习、教师包班教学等特点的潜在优势,我们就会使复式教学在新课程理念下焕发出新的生命力。

传统观念上,人们对复式教学的认识仅限于复式教学具有教学班里学生人数少、年级层次多、教学内容多、课堂作业时间多、每个年级直接教学时间少等特点。很多人认为复式教学是农村落后地区不得已而为之的行为。但如果我们细心观察和思考复式教学所存在的这些特点,我们就会发现复式教学更能适应和体现当前新课程改革所倡导的"以儿童为中心,联系儿童的生活实际,让儿童主动参与合作探究"完成学习任务的教育理念。

新课程理念倡导以儿童为中心,在学习内容上强调联系儿童的生活实际;在学习方式上强调主动参与,合作探究;在学生评价上强调全面客观,促进学生发展。有一、二两个年级组成的复式教学班,由于同一年级人数少、教师包班、学生家长"干涉"少等特点,便于复式教学教师在教学操作层面上进行分组教学,便于全面了解学生进行因材施教,便于进行教学改革创新,便于师生、生生之间相互交流。我们应该重新审视复式教学课堂结构所具有的特点,深入研究新课程理念下的复式教学,充分挖掘其潜在优势,使复式教学能更好地适应基础教育课程改革的需求。

第 2 节
复式教学的课堂结构

复式教学的课堂结构是复式课堂教学的各环节之间相互联系、相互作用的表现形式。安排课堂教学，首先应该遵循复式教学课堂结构原理及规律。

仔细回顾，你的课堂上教学是由"动"、"静"几个环节构成，以及各环节之间的关系。

请写在下面的空白处：

你是如何理解复式教学课堂结构的？它与传统的"动静搭配"模式有什么联系？

请将你的想法写在下面的空白处：

现将习以为常的课堂教学行为进行反思后完成以下活动,可以帮助你梳理教学各环节之间的关系,并进一步理解课堂结构。

> **活动 2.2　画一画**
> 　请在笔记本上用你自己最熟悉的符号画出复式课堂教学中"动"、"静"各环节之间的关系,以及各环节在年级之间的表现形式。
> 　试着画出你在不同年级之间的行走线路。

实践应用

为了避免课堂教学中两个年级之间的相互干扰,传统复式教学通常采用的是,在同一教学时间段内只能让一个年级"动",而另一个年级学生必须"静"的"动静搭配"教学模式。

"动静搭配"模式的特点表现为在一节课内,教师的直接教学("动")与学生的课堂作业("静")分别在两个年级中轮流交替进行。如在二级复式教学课堂内,教师对一个年级进行直接教学的同时,另一个年级则完成教师布置的课堂作业;当这个年级的直接教学进行到一定阶段之后,教师则对该年级布置课堂作业,然后再对另一个年级进行直接教学。直接教学与课堂作业随着复式教师的调控在两个年级之间切换,形成"一动一静"、"两动两静"、"三动三静"等多种变式。传统的"动静搭配"模式有利于复式教师有效调控课堂的进程,也有利于学生自学能力的培养,多年来,一直是复式教学采用的主要模式。

想必你的课堂也是采用上述三种模式吧!不管采取哪种模式,"动静搭配"模式有其先天的不足。首先,在"动静搭配"课堂上,学生的学习完全是个体的独立行为,学习方式单一,基本是读(默读为主)、写(写课堂作业)、听(听老师讲解),学生之间几乎没有任何交流。其次,在"动静搭配"的课堂上,各个年级之间几乎是割裂的,没有发生交互作用。这不利于不同年级学生之间的交流与帮助,也不利于教育资源的共享。再次,在"动静搭配"的课堂上,各个年级之间声浪干扰严重。处于直接教学时段的年级很容易对同时段处于课堂作业状态的年级产生声浪干扰,这些干扰往往会影响课堂作业完成的质量,进而导致整个教学目标难以达成。

理论讲堂

　　复式教学课堂结构是指一节课包含哪些组成部分以及各组成部分的顺序、时限和相互之间的逻辑关系。传统的复式教学课堂结构以若干个"动"、"静"环节构成,形成"动静搭配"的课堂结构。当一种课堂结构形成,并趋于稳定化、典型化则就成为一种教学模式。

　　从理论层面上分析,在各年级教学内容独成体系的前提下,以若干"动"、"静"环节的纵向安排或横向安排完成每一年级的教学任务为课堂纵向结构或课堂横向结构,复式教学教师则在两个年级之间"穿插"进行直接教学(见图 2-1 所示,图中虚线为教师行走的主要路线,即"动"环节),同时,通过合理布置课堂作业,并借助小助手的帮助间接调控学生的学习活动。

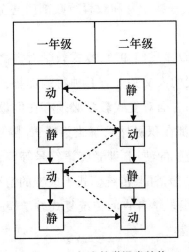

图 2-1 复式教学课堂结构

复式教学课堂结构的优劣,不是抛开教材体系、教学对象、教学方法去表面断定"动"、"静"环节的多寡,而是以前述诸因素为出发点,追求课堂教学信息传递的最优控制和能否达到最佳效果。基于此,复式教学课堂结构形成了"动静搭配"模式。这种模式有三种变式,即"一动一静"、"两动两静"和"三动三静"。其中,"两动两静"模式最受教师欢迎,应用也较为普遍。重新翻阅你的教案,看看你的课堂上采用的是哪种教学模式。

"动静搭配"的教学模式,将不同的年级分开进行教学,也就是说虽然不同年级的学生身处同一教室,且在相同的时间段里,同一位老师还是要组织单式教学活动。为了避免各年级之间的相互干扰,"动静搭配"模式就成为最佳或唯一的选择。造成各年级之间干扰的根本原因是:年级不同、学习内容不同、教师的讲解和学习方式的差异。不同年级之间的差异越大,学习内容的差异就越大,干扰就越多;学科之间越不同,学习内容的差异就越大,干扰就越多;教师讲解的声音越大,干扰就越大;两个年级之间的学习方式差异越大,干扰就越大……

传统复式教学的"动静搭配"模式为保证课堂教学的有序性发挥了优势,但难以保证每个年级的儿童有足够的时间与教师进行交流,也难以保证每个儿童都能参与到课堂教学活动中。同时存在着将两个年级割裂、课堂声浪干扰等难以自愈的"硬伤",复式教学的质量常常受到影响而难以与单式教学比肩媲美。鉴于此,一些学者和教育行政部门甚至将复式教学与教学质量差画上了等号。

然而,通过前面的叙述我们知道,复式教学对提高西部农村教育资源利用效率和体现对下一代的人文关怀有其独特的优势,在基础教育布局中有着不可或缺的重要作用。面对复式教学必须存在但教学质量不高的两难局面,很多复式教学教师都在积极探求解决策略,如隔年级编班、异科搭配上课、背靠背排座位、小助手的使用、课堂哑语符号等等,力求能够有效提高复式教学的质量。但在"动静搭配"传统模式不改变的情况下,众多的改革只能是隔靴搔痒。近年来,很多学者直面传统复式教学模式的不足,积极地进行研究探索,取得了新的成效。

第 3 节
复式教学课堂结构新模式

    课堂教学是一种师生的双边活动。从学生和教师的视角审视传统复式教学"动静搭配"模式存在的年级割裂、声浪干扰等不足,我们可能采取的策略会有哪些?

    请将你的想法写在下面的空白处:

    在继承传统复式教学"动静搭配"模式优势的基础上,丰富其内涵,采取一些教学策略,使之能更好地体现新课程所倡导的教育教学理念,即以儿童为中心,在学习内容上强调联系儿童的生活实际,在学习方式上强调主动参与,合作探究。

    由香港乐施会资助的"甘肃农村地区复式教学实践创新与理论研究"项目,在教育行动研究中总结出了复式教学的新模式——"同动同静"模式。下列活动,将使你对新模式有进一步的了解。

活动 2.3 想一想

    结合传统的"动静搭配"教学模式,请认真思考以下问题:

    1."同动同静"教学新模式的内涵、特征是什么?

    2.复式教学课堂结构新模式的操作要求有哪些?

实践应用

　　传统复式教学为保证课堂教学的有序性，同一时间内只能让一个年级学生"动"（直接教学），而其他年级的学生必须"静"（自动作业），这种传统的动静结合教学模式，既难以保证每个年级的儿童有足够的时间与教师进行交流，也难以保证每个儿童都能参与到课堂教学活动中，在一定程度上影响了儿童的发展。

　　复式教学课堂结构是否科学合理，直接关系到课堂教学的效率，关系到学生对该学科的兴趣、知识的掌握、各种能力与智力的发展。因此，提高复式教学质量，减轻教师过重的负担，最重要的是要优化复式教学课堂结构，提高复式教学课堂效率。

　　复式教学课堂结构的核心在于两个年级纵横"动"、"静"交替的优化组合，且突出重点，前后连贯，过渡自然，环节紧凑，线路清楚。这种纵横结构的模式要求教师有很高的课堂教学节奏的调控能力和严谨的教学设计。

　　复式教学课堂结构新模式，即"同动同静"的教学，最大限度地降低两个年级之间学习内容的差异，使得教师可以打破"动静搭配"，让两个年级的儿童在教学过程中同时"动"和同时"静"。这样做不仅可以增加每个年级的直接教学时间，保证每个年级的学生有充足的时间理解和掌握新知识、新技能，为每个学生参与教学创造更多的机会。同时，它可以让教师根据教学的需要，打破年级界限，将秧田式的座位摆放成马蹄式、饭桌式等形式，使不同年级的儿童混合坐在一起，为不同年级儿童的相互交流创造了更多的机会，也便于" 以大带小"，"以小促大"，互帮互学，共同发展。

理论讲堂

　　"同动同静"模式是针对"动静搭配"模式存在的年级割裂和声浪干扰等不足提出来的。所谓"同动同静"模式是指两个或两个以上年级的学生在复式教师的合理调控之下同时进行直接教学和间接教学（图中虚线为教师行走的主要路线,纵向箭头为课堂教学环节,横向箭头为教师进行教学时的关注点）。见图 2-2 所示。

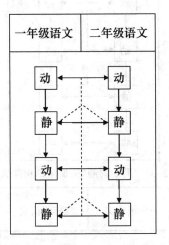

图 2-2 "同动同静"的课堂结构

　　"同动同静"模式比传统的"动静搭配"模式内涵丰富。"动"不仅包含教师面向全体学生进行新知识新技能的讲解过程,同时还包括教学的反馈和指导环节。这是教师和各个年级的学生共同参与、共同思考、共同交流的直接教学的过程。"静"不仅包含学生的课堂作业,还包括以小组为主的自主学习、合作交流。在这个过程中,教师随机进入各个年级小组,根据学生的学习需要给予引导和支持,以保证各个年级小组顺利完成任务,达成学习目标的间接教学的过程。此时的小组交流,根据学习任务可以是同年级交流,也可以是跨年级交流。

　　根据课型、教学内容的不同,可以选择以下三种新模式的课堂结构变式:变式一,见图 2-3 所示,是以两个年级学生的自主学习("同静")开始的;变式二,见图 2-4 所示,是三个环节以教师面向两个年级的直接教学("同动")开始的;变式三,见图 2-5 所示,是三个环节以两个年级学生的自主学习("同静")开始的。

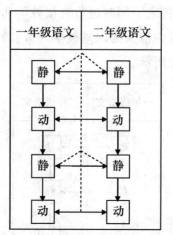

图 2-3 "同动同静"的课堂结构变式一

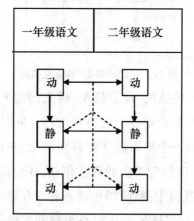

图 2-4 "同动同静"的课堂结构变式二

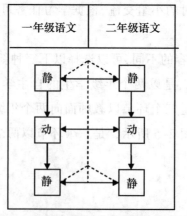

图 2-5 "同动同静"的课堂结构变式三

　　"同动同静"模式主要表现为"复式教学单式化",即将复式班级看做是由不同年级小组构成的单式班级的教学组织形式。具体包括以下三个方面的特征:

　　动静同时。在"同动同静"模式中,不同年级的学生同时"动"或者同时"静"。在"同动"的时候,教师同时面向各年级传递教学信息,学生在教师的指导下积极参与教学活动。在"同静"的时候,各年级分别独立完成学习任务,教师穿梭于年级之间进行个别指导。由于"同动同静"模式具有多个年级"动静同时"的特点,所以,长期困扰着"动静搭配"模式的声浪干扰在新模式中不复存在,为提高复式教学的质量奠定了良好的外部环境基础。

　　动中有静、静中有动。"同动同静"模式中的"动"与"静"并不是一个绝对的概念,有着其特定的范围。就"同动"而言,我们强调"各年级与教师共同参与";就"同静"而言,我们则强调"分别独立完成学习任务"。因此,在"同动"的过程中,会出现只有一个年级在"动"的伪"静"状态。例如:在学习新知识的过程中,当教师面对一个年级进行讲解时,另外年级的学生则安静地倾听,这看上去像一个年级的"动"的状态,实则是其余年级学生思维共同参与的"同动"状态。另外,在各年级独立完成学习任务的"同静"的过程中,也会出现学生之间互相交流的伪"动"状态。这实则是一个不包含教师与其他年级在内的自主学习过程,是"同静"过程的一个表现。

　　年级互动性。"动静搭配"模式中,年级之间是割裂的,不允许同级或跨年级互动。而"同动同静"模式则强调年级之间的互助与互评,强调不同年级学生之间的合作。加强年级之间的互动有着多方面的积极意义,对于高年级学生而言,不仅可以有效巩固旧知识和学习新知识,还可以增强与低年级学生合作的能力;对于低年级学生而言,不仅可以得到高年级学生的及时指导和帮助,还可以涉猎除本年级课本之外的新知识。尽管就其认知水平而言不一定能达到有效的理解程度,但这对开拓低年级的知识面是大有裨益的。

　　"同动同静"是一种新颖的复式教学模式,它有效地解决了传统模式存在的诸多问题,与此同时,该模式在操作层面上有其特殊要求:

　　要求相邻年级编班,同科搭配。相邻年级的学生年龄相近,相同课程的知识点衔接,在这种状态下的跨级学习,不仅使低年级"吃不饱"的学生可以提前学会高年级的知识,而且还可以使高年级"吃不了"的学生有一个重新温习的机会,有效地解决了不顾个体差异使其认知水平跟随生理年龄"走"的状态。

要求以小组教学形式组织课堂活动。教师应根据教学目标的要求,教学内容的特点,既可以按同年级组合小组,也可以跨年级混合分组,关键是教师要将复式班级看做是由不同年级小组构成的单式班级进行小组教学。这就要求教师掌握组织小组教学的技巧,保证小组学习活动的有效性(如何有效地组织小组教学,请参见附件)。

要求频繁使用教学用具。复式教师可利用身边唾手可取的纸盒、木棍、玉米粒、碎布等废旧材料制作简易朴素的教学具,如大书、模型、卡片、计数器等。大书是一种承载了教学信息的厚纸板,具有容量大、永久保存、使用方便、易于接受等特点,是"同动同静"新模式中极具特色的教学手段。教师在备课时用大书把重点教学内容准备好,上课时,根据课堂教学需要在课堂中随时放置在展示架上协助教学。这既可以节省宝贵的课堂时间,又可以明晰各年级的学习任务。

总　结

"同动同静"模式是我们在教育实践中总结出来的新模式,是一个新生事物,有着"动静搭配"模式无法比拟的优点,也存在着一些不足。"同动同静"模式在设计教学方案以及调控课堂等方面对复式教师提出了更高的挑战,也为复式教育研究者找到了一条努力的道路。我们应当把握好"同动同静"模式的理念,努力探索,进一步发掘"同动同静"模式的优势,并为其大范围的推广应用创造条件。我们相信,在众多复式教育研究者和复式教师的努力下,"同动同静"模式一定会焕发出迷人的光彩,为提高复式教学的质量贡献更大的力量。

附　件

有效地组织小组学习：

表 2-2　组织小组学习

时间	·决定小组活动大约需要多长时间。 ·活动开始之前,告诉学生活动所限定的时间。 ·确保学生有足够的时间完成他们的任务。 ·灵活把握时间,如果学生在规定的时间内不能完成任务,给他们更多的时间。 ·小组学习开始初期,把小组活动的时间限定在6~8分钟内。
小组规模	·确定小组活动的合适规模。 ·4~6人是最合适的规模。 ·超过这个规模将意味着有些学生不参加活动。 ·小规模的小组可以让更多的学生参与。 ·小规模的小组可以减少因交流不当引起的冲突。
开始 小组学习	·明确学习任务的目标。 ·最好为每个小组设定一个切实可行的目标。 ·在黑板上写出活动指令,辅助学生对口头指令的理解。
停止 小组学习	·当小组学习只剩下2分钟时间时,提醒各个小组。 ·确保所有的小组有机会向全班同学/老师反馈他们所做的/已取得的学习成果。 ·用一个自然的方式来结束小组活动。 ·下课之前,必须把全班同学集中在一起。
给出指令	·在小组学习开始之前,向全体同学口头解释活动指令。 ·把指令写在黑板上或纸上,以增强学生对指令的理解。 ·对于低学段的学生,应避免一次性告诉他们太多的活动指令。 ·确保指令语言简洁明了。 ·请一名同学重复任务指令。 ·请一个小组示范游戏/活动。
学生的角色	·小组中的每位学生都有不同的角色,如:资料管理员、汇报员、记录员、小组长等。 ·轮流让学生担当不同的角色,以使他们有机会担任不同的任务。 ·有时可允许同一小组中的所有成员分别向大家汇报一个学习成果。 ·让学生参与教师的组织工作,如重新摆放桌椅、分发学习材料等。

续表 2-2

小组学习 规则或常规	·培训学生的小组学习技能。 ·请学生轮流担任发言者和倾听者等角色。 ·不允许讥笑或嘲笑同学的发言。 ·注意倾听同学的观点。 ·向老师求助之前,先寻求同学的相互帮助。 ·老师应当作为学生最后求助的对象。
教师的角色	·快速浏览每一个小组,确保大家都知道将要做的事情。 ·不要把注意力只集中在一个小组身上。 ·辅导某一个小组学习时,确保自己在全班同学的视线范围内。 ·对一些影响小组学习的现象要及时制止,如噪音、闲聊声、学生在教室里来回走动等。 ·但注意噪音并非一定意味着学生没有开展他们的活动。 ·不要代替学生完成学习任务。 ·在称赞小组取得学习成就的同时,表扬学生良好的小组学习技能。
小组 学习任务	·设定一个清楚的学习目标。 ·给每组一套学习材料,以促使他们必须通过合作来完成任务。 ·给小组布置学习任务应由易到难,直到学生能适应这种学习方式。
小组反馈	·向小组解释如何做反馈(如汇报所有要点或只汇报 1~2 个要点)。 ·一旦学生有信心在全班同学面前发言,请他们做小组汇报时就可以不要重复其他小组的观点。 ·关注是否所有的同学都得到做汇报的机会(不仅仅是学习好的同学)。 ·有时可以设计相关的表格或图表来归纳总结小组的发言。
教师反馈	·确保对各个小组的反馈作出回应和点评。 ·邀请其他小组一起做反馈,以使全体同学都能积极参与反馈活动,并倾听别人的发言。 ·不要仅仅只用简单的表扬语言如"说得好"等来回应学生的汇报,学生需要教师对他们的反馈作出全面的点评。

单元3 复式教学的组合形式

由于没有专门的复式教学教材,在复式教学实践中,教师和学生只能使用单式班教材,因此,在教学中,教师和学生都碰到了很多困难,从而影响了教学效果和质量。为了克服这些困难,达到教学最优化,不可避免地就会涉及班级组合、课程组合的问题。

学习目标

本单元学习完后,你将能够:

- 根据实际情况组合复式班级
- 根据教学需求灵活组合课程内容

学习内容

本单元将包括以下内容:

第1节　复式班级组合

第2节　复式课程组合

学习时间

本单元的学习需要两个学时

你需要的材料

这部分的学习,你需要准备以下材料:

- 笔记本
- 笔

第1节
复式班级组合

班级组合是进行复式教学首先要考虑的事情，因为班级以哪种形式组合在一起直接关系到复式课堂的教学模式和教学方式，进而直接影响教学效果和质量。基于这点，学校在组合复式班级时，必须要充分考虑各年级人数、不同年龄儿童的特点、教师工作的便利等因素，以有利于教师组织复式教学。

你所在学校有复式班级吗？如果有，这些复式班级是由哪些年级组合在一起的？如果没有，询问一下周围学校的老师或者学生，看看他们学校中是否有复式班级？如果有，他们学校中的班级是由哪些年级组合在一起的？你能说出这些组合方式有哪些优缺点吗？

请将你考察的结果和想法写在下面的空白处：

完成下面的活动，可以帮助你了解复式班级不同的组合形式。

活动 3.1　让我来组合

假设某小学有一年级、二年级和三年级，由于各种原因，现必须设置一个复式班级，一个单式班级。如果你是校长，你会将班级怎样组合？为什么这样组合？

实践应用

一般来说,传统的复式班级组合形式通常包括以下几种:

相隔年级组合,也称间隔式组合。例如,一、三年级组合为一个复式班级,二、四年级组合为一个复式班级,或者一、三、五年级组合为一个复式班级,二、四、六年级组合为一个复式班级。这种组合方式还可以再分为小间隔组合和大间隔组合。小间隔组合就是两个年级之间只相隔一个年级,如由一、三年级组合成的复式班级。大间隔组合便是两个年级之间相隔两个或两个以上年级,如由一、四年级或者二、五年级组合成的复式班级。

相邻年级组合,也称连续式组合。例如,一、二年级组合为一个复式班级,三、四年级组合为一个班级。

相隔相邻年级混合组合,也称连间混合式组合。例如,一、二、四年级组合为一个复式班级,三、四、六年级组合为一个复式班级。

还有特殊情况就是"一校一师一班",将所有年级都容纳在同一个班级内上课。

以上每种组合都有自己的优势与劣势,因此,在具体实践中,采用哪种组合方式,一般要根据具体情况具体安排。

相隔年级组合(间隔式组合)的优势:首先,在这种组合方式下,由于高低年级学生的心理特点、知识水平差异较大,知识迁移、认知干扰相对减弱,同时低年级教学需要更多的直接教学时间,而高年级则需要更多自学时间,因此,相隔年级组合有利于教学的动静搭配,很多教师会首选这种选择。另外,在这种组合方式下,高低年级学生的志趣、性格、爱好等方面差距也较大,彼此之间不容易发生矛盾和冲突,方便教师维持课堂纪律。还有,在这种组合方式下,高年级学生很容易表现出作为年长者的耐心和宽容,便于形成高年级学生督促和帮助低年级学生学习的风气,促进同学之间和睦相处。此外,为了维护自己在低年级学生心目中的形象,高年级学生会逐渐形成较强的自我约束能力,从而促进高年级学生自身的进步与成熟。

可是,这种班级组合虽然有各样的优势,并且便于课堂"动"、"静"的安排与控制,但从另一角度看,也正是因为学生年龄相差较大,生理心理发展差异大,认知过程不一致,对学生进行小组教学与活动时便会产生一定程度的困难。在课堂教学中,教师要不断应付不同年级的"直接教学"或"课堂作业",身体在不同年级学生之间穿梭,思维在"动"与"静"之间跳跃,以至于身心疲乏,课堂时间利用率低,直接影响教学效率和质量的提高。

由于多年来很多复式教师都采用"动静搭配"教学模式,很多学校在组合复式班级时都采用相隔年级组合(间隔式组合),而对相邻年级组合(连续式组合)有所忽略。其实,相邻年级组合形式在"同动同静"新模式下有其优势。首先,相邻年级学生年龄相近,生理心理发展程度相近,认知过程也相近,非常有利于进行同内容、同类或者同步教育。这一点不仅体现在音乐、体育、美术等课程的学习过程中(在某种程度上已经是化复式教学为单式教学了),而且也体现在语文、数学学科的学习上。其次,由于相邻年级教材内容比较相近,衔接比较紧,更容易产生同一主题下的分层次教学,即教学主题相同,但各个年级有自己的教学目标的教学。

理论讲堂

学生年龄的差异决定了各种差异,如心理品质的差异、学习能力的差异、学习习惯的差异和自我管理能力的差异等。在复式教学当中,正是由学生年龄的差异造成的各种差异才使复式教学变得复杂而困难。

这些差异对复式教学产生的负面影响非常明显:一是组合复式班级时必须充分考虑学生年龄的差异造成的各种差异;二是进行教学组织和准备工作时必须考虑两个或两个以上的年级的教和学的要求,在教学过程中,要充分考虑不同年龄学生的学习习惯和接受能力,选用恰当的教学方法,以期收到最好的教学效果;三是了解和掌握学生学习情况有一定困难。复式班学生情况比单式班学生复杂得多,对某一方面的情况的分析必须涉及多个年龄层次的学生,而且,对象层次越多,要全面准确地掌握学生的思想状况、学习情况,及时地予以引导和调控的工作难度就越大。

　　另一方面,这些差异性对教学有利的一面也是显而易见的:一是有利于学生自控与自制能力的形成。从教师的角度讲,复式班的教师必须从一开始就注重学生注意力的培养,发展学生的倾听能力,以更好地维持班级纪律,为课堂教学服务。从学生本身讲,年龄差异明显的学生相处,也有利于自控与自制能力的形成。一般地讲,高年级学生在低年级学生面前比较注意自己的威信,因而能比较自觉地遵守教师的教导和指令,规范自己的行为,他们不愿在小同学面前表现不好的一面。而低年级学生在高年级学生面前有一种"卑微"的感觉,这种感觉无形中会产生一种约束力,促使他们"安分守己"。二是高年级学生对低年级学生可以起到榜样和示范作用。一方面,他们的行为可以直接或潜移默化地影响低年级的学生,使他们有意地去学习和模仿或无意地效仿,不断修正和优化自己的行为。另一方面,高年级学生在知识上、精神上有优越感,在正确引导下,他们会乐意发挥自己的特长和优势,去体现他们的自我意识,他们也会帮助低年级学生解决学习上的问题,教给他们学习方法,指导他们开展活动,带领他们参加劳动,传授给他们生活常识,顶替教师完成部分教学和工作任务。

　　因此,复式教师可以利用以上这些优势,发挥高年级学生在教育教学中的管理作用,培养学生的管理能力,减轻自己的工作负担。教师们可以从以下几个途径着手:在班级里建立起一个互相帮助的个人网络,形成以大带小的管理体系;组织年级与年级的共同活动,在活动中建立学生的威信,发展不同年级学生之间的友谊;让高年级学生树立样板,发挥榜样的作用,让低年级的学生有参照和学习的对象。

　　此外,在讨论不同年级学生的这些差异时,我们还需要讨论智力差异。智力差异是最明显的,但是也是最容易被忽略的。很多老师都想当然地认为,年龄小的学生的智力一定低于年龄大的学生,因此,他们总是认为低年级的学生在学习和生活中一定落后于高年级的学生。所以,各位老师必须清楚以下这一点:学生的生理年龄不一定代表他/她的智力年龄,教学中按照生理年龄所分编的年级是有一定局限性的。虽然学生能接受或者不能接受某些知识是与他们的生理年龄所决定的智力水平相关的,但并不是绝对的。

学生往往可以出人意料地学习到成人认为超过了他们生理年龄能接受的知识,在复式班级中,我们就常常能看到低年级的学生提前掌握高年级学生所学内容的情况,有些甚至掌握得非常出色。所以,在课堂教学组织的合适的情况下,复式班级恰好给较低年级的学生提供了更多的学习机会,为学生智力年龄的发展提供一定的空间。这也是复式班级的优势。

第2节
复式课程组合

请回想一下,你在日常教学中都采用过哪种课程组合?你采用较多的组合是哪一种?为什么?

请将你的做法写在下面的空白处:

> 课程组合是指不同年级的学生在同一课堂中所上的科目的组合,也称科目搭配。具体有三种:同科搭配、异科搭配和同异混合搭配。

活动 3.2　看看课程表

表 3-1、表 3-2 是两个学校一、二年级复式班级的课表,回答下面的问题:

1. 两个学校在复式教学课程组合上的区别在哪里?

2. 如果让你来选择课表上课,你愿意用哪个课表?为什么?

表 3-1　小学一年级、二年级复式课程表

类别	星期 年级 节次	星期一		星期二		星期三		星期四		星期五	
		一	二	一	二	一	二	一	二	一	二
上午	第一节	数学		数学		数学		数学		数学	
	第二节	语文		语文		语文		语文		语文	
	第三节	美术		音乐		思想品德		音乐		周会	
	午休										
下午	第四节	语文		写字		写字		数学		数学	
	第五节	体育		科技活动		体育		科技活动		文艺	

表 3-2　小学一年级、二年级复式课程表

节次	星期 年级	星期一	星期二	星期三	星期四	星期五
第一节	一	语文	语文	语文	语文	语文
	二	数学	数学	数学	数学	数学
第二节	一	数学	数学	数学	数学	数学
	二	语文	语文	语文	语文	语文
第三节	一	思想品德	自习	美术	写字	音乐
	二	思想品德	美术	自习	音乐	自习
午休						
第四节	一	语文	语文	语文	语文	语文
	二	自习	美术	数学	写字	体育
第五节	一	音乐	体育	自习	数学	写字
	二	体育	音乐	语文	语文	音乐

实践应用

"同科搭配"是指在同一节课内各年级安排相同的科目教学。这种组合的优点在于：课程表形式同单式班课程表形式相同，容易编排和使用；在采用"动静搭配"模式进行教学时，教师在课堂教学中的思维变化幅度小，精神压力小；如果课堂设计合理，在这种组合下，教师很方便使用"同动同静"模式进行教学，减轻教师上课负担。缺点是如果采用"动静搭配"模式教学，各年级相互干扰因素大，动静控制难度大；如果采用"同动同静"模式教学，教师需要深入研究各级教材，设计合理的课堂小组活动内容。

"异科搭配"是指在同一节课内各年级安排不同的科目教学。其优点在于：采用"动静搭配"模式教学时课堂相互干扰因素小，便于动静控制。缺点是采用"动静搭配"模式教学时教师思维变化幅度大，精神压力大；很难采用"同动同静"模式进行教学。

"同异搭配"指在同一节课内各年级安排的教学科目有相同的，也有不同的。当然，这种搭配只出现在三级或者三级以上的复式教学中，这里便不赘述。

复式教学课程组合直接影响教师课堂教学的操作模式。如果采用"异科搭配"，教师在上课时几乎就只能采用"动静搭配"的模式进行教学。教师要做的就是按照各年级的教学内容安排各年级的"教学线路"，安排各级的"动"与"静"的活动。也就是说，教师主要考虑的只能是直接教学与课堂作业之间的搭配关系以及怎样安排教学顺序的细节问题，从而始终无法突破古老的教学模式，进入新的教学模式。

在具体的教学活动中，很多复式课堂还沿用传统的"动静搭配"模式来上课，因此许多老师偏向于采用"异科搭配"，因为这种搭配便于教师课堂的动静控制。但是，在低年级的复式教学即一、二年级两级复式教学中，由于学生心理状态还处于从幼儿到儿童的转变期，教材编写依据学生心理特点安排了很多生动活泼的小组活动内容，同时，研究这两级教材时也会发现教材的连续性非常强,这种连续性很强的小组活动内容事实上非常适合"同科搭配"。而采用"同科搭配"的时候,教师们就会发现,在同一节课堂中采用"同动同静"模式教学,为不同年级的学生同时安排活动内容是完全可行的。

最后,需要强调的一点是,很多教师误以为"异科搭配"只是语文和数学之间的科目搭配。实际上,教学中往往不只是语文和数学的科目组合,还有社会、美术、音乐等课程之间的搭配,这些科目的不同年级的教学内容同样具有相通相容之处,将它们融为一体进行"同动同静"教学同样适用,并且常常会产生出人意料的效果。

理论讲堂

复式教学的课程组合有一定的灵活性,多数复式课是根据课表安排,不同年级同时上语文,或同时上数学等。教师可以不拘于课表安排上"同科搭配"或者"异科搭配",而应根据自己的需要实行"同科"或者"异科"的组合。总的原则是实现优势互补,达到短时高效,一切为了教学服务,为了学生的发展服务。

在进行复式教学课程组合时应遵循以下原则:

系统性原则。系统性原则要求教师在进行课程组合时要全面了解和掌握各级学生教材,准确把握各级教材所安排的知识的承接性和连贯性,然后将相同科目的课程组合,将教学要求、教学方法和要求学生采用的学习方法等相同或相近的教学内容组合在同一课堂中。这样做的优势有以下几点:一是便于教师采用"同动同静"的模式进行教学,减轻教师为各年级策划"动""静"活动的负担。二是既可以让各年级的学生都参与到一个衔接紧密、延续自然的知识获取过程中,又可以让不同年级在同一时间内有不同的学习体验,或初次感知,或复习巩固,或再巩固提高。三是在高低不同年级学生共同学习、共同合作的过程中,高年级学生更容易充当教师助手的角色,突出"以大带小,以大帮小"的互学互助的作用。四是在此种组合方式下,可以将联系紧密、连续性较强的同一课程组合在一起学习,不但能够突出教材结构的完整性,更能有效地体现教材内容和知识的衔接关系。

相关性原则。相关性原则要求教师在进行课程组合时要善于发现并利用各学科、各年级教材知识之间的关联,洞察教材知识之间的渗透性和互补性。尤其是在"异科搭配"教学中,特别需要教师对教材有全面、细致且系统的了解,并善于发现不同知识之间的关联,这种关联可以是知识本身的关联,也可以是学生在学习的过程中要采用的学习策略、学习方法的关联,也可以是教师的教学方法的关联。这个原则的优势有以下几点:一是将不同学科知识相互渗透,可以扩大学生的知识面。学生在学习某学科知识的同时,又对另一学科的知识有所了解,并能将他们联系起来,这样,学生就会在无形中在头脑中形成一个较宽较广的知识网络,扩大他们的知识面。二是将不同学科知识相互关联,可以加深学生学习知识的深度。当教师将有关联的不同学科内容放在同一节课中让学生学习时,学生便需要用不同的思维方式将相关知识联系,既加深了学生学习知识的深度,又帮助学生扩展了自身思维能力。三是在课堂中将不同级别或者不同学科的知识联系在一起时,能够充分体现出复式课堂特有的生动、活泼的特色以及教师对知识、教学方法、教学技巧等灵活驾驭的能力。

实践性原则。实践性原则要求教师要根据教材内容的需求和自己的教学特长,利用一切可利用资源,将教学内容纵横交织,相连又相承地容纳在一节课堂中。也只有这样,才能充分发挥复式班教学的优势,提高复式课堂教学效率。要做到这条原则,对教师的实践操作能力要求较高。首先,教师要合理安排活动,对两个年级平行用力,确保不同年级的学生都能在自己的基础上获取新知。其次,教师要善于发现两个年级学生学习内容上的衔接之处,让不同年级的学生优势互补,既学习新知,又能回顾旧识。第三,在教学活动的宏观统筹上,教师要能控制全局,随时做好帮助学生、点拨学生的准备。因此,要做到以上几点,教师必须认真钻研教材,把握中心,明确重点以及难点。在课堂教学实践中,既要重视高低年级、各门学科本身的前后联系,做到承前启后,循序渐进,又要注意各年级各门学科的进度、学生掌握知识的程度,使各个年级的教学内容有机地联系起来,让课堂教学浑然一体。

总　结

　　在本章的学习中,我们了解了复式教学的组合形式,不管是班级组合还是课程组合,复式教学的课堂教学都会受到直接影响。作为教师,我们就要仔细深入地研究学校的教学环境、学生的生活条件以及学生的学习水平、教材的内容和联系等等,只有这样,才能确定最合适自身情况的组合形式。

单元4 复式教学方案的设计

"凡事预则立,不预则废。"无论做什么事情,事先若有周密的计划,就可以收到事半功倍的效果。对教学工作而言,教学方案就是教学活动有效开展的重要保障。复式教学方案的设计,需要教师在了解学生、钻研教材的基础上,以课时为单位,根据新课程标准的要求,设定合理的教学目标,安排完成一定教学任务的教学实施方案。

学习目标

本单元学习完后,你将能够:

- 比较几种复式教案,了解同步式教案的编写特点
- 说出复式教学目标的组成部分及制定要求
- 能够设计出复式教学中的参与式活动

学习内容

本单元将包括以下内容:

第1节　同步式教学方案的编写

第2节　复式教学目标的制订

第3节　复式教学过程的设计

学习时间

本单元的学习需要五个学时

你需要的材料

这部分的学习,你需要准备以下材料:

- 自己编写的复式教案或收集他人的复式教案
- 小学语文、数学课程标准
- 小学语文、数学教材

第 1 节
同步式教学方案的编写

　　一节课的科学、高效率的设计方案,通常是在现代教学思想指导下,运用系统方法、兴趣教学法对教与学的行为进行设计。它是一个分析学与教的问题,设计解决问题的方法、方案,并在实施中加以评价、修正,使之达到教学优化的微观教学过程的设计方案。要提高教学质量,就必须着重抓好微观教学过程的教学设计方案工作。

　　翻阅你编写的复式教案,你认为它对你的课堂教学有哪些帮助?尝试陈述一下你编写的复式教案的特点是什么?

　　请写在下面的空白处:

　　帮助:

　　特点:

你编写的复式教学方案由哪些项目构成？

请写在下面的空白处：

随着教学改革、教学研究的不断深入，教案已由原来只供教师自己使用，引申为同学和教师相互学习、交流教学经验的主要材料，进行教学改革的主要突破口，专家、学者进行教学研究的主要参考资料。所以，仔细完成下列活动，将有助于你对复式教案的类型和功能有进一步的了解。

活动 4.1　选择

表 4-1 为"同动同静"新模式下编写的复式教学教案，请结合自己编写或收集他人的复式教案进行对比，试分析哪种教案编写更能体现新课程的理念？哪种教案编写在优化复式课堂教学结构的前提下更能提高课堂时间的利用率？

表 4-1　同步式语文复式教案

一年级	二年级
教学内容:汉语拼音 复习一	教学内容:古诗《赠刘景文》
教学目标: 1.能正确认读学过的 6 个单韵母和 10 个声母，及它们组成的音节。 2.能区别形近的声母和韵母，并能正确抄写它们	教学目标: 1.能正确认读 10 个生字，按笔顺书写 4 个生字。 2.能正确、流利地朗读、背诵古诗《赠刘景文》。 3.能用自己的语言说说诗人对秋天的赞美之情。
教学重点:能区别形近的声母和韵母	教学重点:识字写字，朗读感悟

单元4 复式教学方案的设计

教学过程

	玩一玩	复习
同静15分钟	玩字母牌; 看口型,猜字母; 做做、说说、读读	开火车认读第3课的生字词;背诵第三课。 **自主学** 初读古诗《赠刘景文》,圈出文中生字;二读古诗,借助拼音学生字;结合插图,三读古诗,画出不懂的词句;结合插图,四读古诗并和伙伴议议不懂的词句。

▼

	反馈与指导
同动	首先,教师出示6个单韵母和10个声母(打乱顺序),让一年级学生快速认读;老师做6个单韵母和10个声母发音的口型,学生猜字母;学生展示用各种材料制作的形近的声母和韵母,说说它们的不同点和相同点,并认读它们。 　其次,教师出示课文中的生字卡,二年级学生读生字,组词或说话,教师根据反馈指导;学生读古诗,请老师讲解不懂的词句;教师指导学生读古诗。

▼

	写写 玩玩 拼拼 读读	玩玩 看看 议议
同静10分钟	在四线三格纸上写形近的声母和韵母,互相检查;游戏:快拼快算;自己完成"看看读读";和伙伴一起读读"看看读读"中的音节。	玩生字牌,读字组词说话;观察要写的6个生字的结构,说说记住这些生字的方法;找出难写的生字。 **读读 议议 背背** 　用喜欢的方式读课文;和伙伴说说课文描写的景色;背诵古诗《赠刘景文》。

▼

	汇报交流
同动	首先,教师出示6个单韵母和10个声母组成的不同音节,一年级学生快速认读;抽查学生认读"看看读读"中的音节,教师根据反馈指导。 　其次,二年级学生朗读或背诵古诗《赠刘景文》,并说说课文描写的景色,教师根据反馈指导;出示生字卡,二年级学生读字组词或说话;说说要写的6个生字的结构及记住生字的方法;教师指导学生学写难写的生字。

设计说明及实施建议:

1.一年级教学内容选自(人教版)《义务教育课程标准实验教科书 语文上册》汉语拼音第一课时;二年级选自(人教版)《义务教育课程标准实验教科书 语文上册》古诗两首, 第一课时。

2.教学准备。

一年级

(1)每位学生都要准备一些橡皮泥、线绳、牙签、四线三格卡纸。

(2)学过的声母和韵母卡一副。

二年级

(1)第3课中的生字卡一副。

(2)古诗《赠刘景文》中的生字卡一副。

(3)古诗《赠刘景文》的大型插图一幅。

3.一年级"玩一玩"环节中:做做、说说、读读是指学生用教师提供的橡皮泥、线绳、牙签等各种材料制作形近的声母和韵母,做好后可将它们安放在四线三格卡纸上,学生说说这些字母的相同点和不同点,并认读这些字母。

4.快拼快读游戏的操作:轮流抓完字母牌(6个单韵母和10个声母)后开始出牌,每次先出一个韵母牌,每个同学都要用手中的声母牌与之配成一个音节,然后大声读出这个音节,其他同学可以跟读或评价。

5.二年级教学注意指导学生理解"擎雨盖"、"傲霜枝"。

实践应用

教师备课、编写教学方案的过程,实质上就是实际教学活动的每个环节、每个步骤在教师头脑中的一个预演过程。在这个过程中,不同年级课前、课上、课后所参与的各项教学活动,都必须按照教学规律的要求,为实现各年级的教学目标而服务。通过教案的编写过程,可以使复式教师如临真实的教学情境,对教学活动的每一个细节进行缜密考虑,以保证教学活动的顺利进行。

复式教学教案的项目通常包括年级、教学内容、教学目标、教学重难点、课时、教学具准备与使用、教学线路、时间分配、教学过程、板书等。在传统的"动静搭配"模式下,为使纵向的"动静"交替和横向的"动静"搭配益趋合理,必须设计教学线路图。教学线路图是明确教师对各个年级进行直接教学的先后顺序。在实际课堂中,往往由于各年级"动"和"静"的时间把握问题,"静"的年级的学生出现"枯坐"现象;或由于教师进行直接教学的先后顺序不畅,教师就会出现频繁"穿插"于各年级的现象。

"同动同静"新模式下,因横向"动静"同步,纵向"动静"交替,加之年级互动性的特征,使困扰复式教学的年级割裂和声浪干扰等问题迎刃而解。在教案的设计中,不同年级"同动"与"同静"是同步的,故称之为"同步式"教案。

同步式教案,更适合于同科目的教学。教师根据教学的需要,将座位摆放成马蹄式、饭桌式等形式,有时同年级组成小组,有时打破年级界限,让不同年级的儿童混合坐在一起组成小组。各小组在教学活动中,教师讲解部分或各小组反馈时"合"上,即"同动"环节,教案编写格式上是用一个大的方框;学生自己独立学习、同桌合作学习、小组讨论时,教师穿梭于年级之间进行指导,即"同静"环节,教案编写格式上是用两个并列的小方框,以显示不同年级的活动要求。

同步式教案的优点,"同动同静"纵向层次分明,"同动"、"同静"搭配清楚,能增加教师的直接教学时间,在优化复式课堂教学结构的前提下提高课堂时间的利用率。特别是在"同动"环节时,不同年级的学生可以相互学习,低年级学习较快的孩子可以提前学到高年级的内容,高年级中学习困难的孩子又可以有机会复习旧知识。同步式教案需要教师在备课中花费一定的时间设计参与式的活动任务,特别需要将一些枯燥的学习内容设计成吸引学生提高学生学习兴趣的游戏活动。本章第3节将与你一起详细探讨教学过程中一些参与式活动的设计。

理论讲堂

复式教学方案是教师为组织和指导教学工作而精心设计的施教的蓝图,是学校教育目的性、计划性优势的集中表现。通过复式教学方案的设计,教师目标明确、总体构想清楚、活动步骤井然有序,可预期全局工作结果,做到胸有全局。

复式教学方案的类型由课的类型和结构所决定。课的类型有两种:一种是根据教学的任务来分的,有新授课、巩固课、技能课、检查课。另一种是根据使用的主要教学方法来分的,有讲授课、演示课、练习课、实验课、复习课。一般课的类型由其教学方法来命名。课的结构是由课的类型来决定的,不同类型的课有不同的结构,那么其相应的教案类型也不同。通常,我们依据课的类型可将教案分为:新授课教案、复习课教案、实验课教案、检查课教案。

不同类型教案的主要内容及其功能如下。

新授课教案:主要内容是提出新课的教学目标,把握传授新知识的深度、广度、重点、难点。其主要任务是完成新知识的传授。

复习课教案:主要内容是提出复习的范围和要求。主要任务是帮助、引导学生巩固掌握已有的知识,并将知识系统化。

实验课教案:主要内容是提出培养技能技巧的具体任务、要求。主要任务是完成教师的示范性操作、实验原理的讲解,指导学生独立进行实验,培养学生的技能、技巧和严谨的科学态度,掌握基本的学科实验操作方法。

检查课教案:主要内容是提出检查(诊断性评价、形成性评价、终结性评价)的具体目标和要求。主要任务是检查了解学生学习的实际情况,以利于下阶段制定针对性极强且有效的教学设计方案。

复式教案的具体编写格式多种多样,可以因人而异。在传统的"动静搭配"模式下,复式教学方案的编写格式有四种:并列式教案,是按各年级的纵向教学活动顺序编写;对应式教案,是按各年级纵横向教学活动一一对应编写;分合式教案,是按各年级教学中,同要求的部分则"合",异要求的内容则"分"进行编写;活页式教案,是按年级、科目编写的分课时教案。

"同动同静"新模式下,不同类型教案其编写格式可以是一致的,即采用同步式教案的编写格式。同步式教案编写应在先进的教学理念指导下,以教师个人为主(条件许可则

诊断性评价是在事物发展进程的某一阶段开始之前所作的评价,它是了解人们对这一事物某一发展阶段的兴趣、态度,以及发展所必须具备的条件存在程度等。形成性评价是一种在事物发展进程中所作的评价,具有反馈的功能,它的目的是监督事物的发展,并调整、修正发展进程,这类评价将原来预定的发展目标作为评价依据。终结性评价是一种在事物发展某一阶段之后所进行的评价,这种评价目的是了解整体的效果,提供一个总体评价成绩的资料。

适时组织集体研究和交流），各年级要有各自明确的教学目标，有各自精要的重难点，有引导同年级或不同年级学生积极主动参与的教学活动（教学过程中体现）。同步式教案的编写格式见表 4-1。

第 2 节
复式教学目标的制订

　　任何教学模式都指向和完成一定的教学目标，在教学模式的结构中教学目标处于核心地位，并对构成教学模式的其他因素起着制约作用，它决定着教学模式的操作程序和师生在教学活动中的组合关系，也是教学评价的标准和尺度。正是由于教学模式与教学目标的这种极强的内在统一性，决定了不同教学模式的个性。不同教学模式是为完成一定的教学目标服务的。

　　复式教学目标的确定，是每一位复式教师在设计同步式教学方案时优先要考虑的。翻阅你编写的复式教案，试分析你是如何制订和表述各年级的教学目标的？你认为它对教学过程有帮助吗？

　　请将你的分析写在下面的空白处：

　　也许在你的教案中出现的是"教学目的"，或是"学习目标"，你认为它们与"教学目标"有哪些区别？

　　请写在空白处：

复式教学目标的确定，要求复式教学教师首先必须熟悉新课程标准对各年级学生在知识、技能等方面的要求，然后根据教材提供的内容和学生的实际情况来确立各自的教学目标。认真完成下列活动，将会使你对教学过程中三维目标的关系问题有一个了解，并对你以后制订教学目标有一定的帮助。

> ## 活动 4.2　分析
>
> 　　比较分析表 4-1 复式教学方案中一年级和二年级的教学目标，试回答以下问题：
> 　　1. 案例中陈述教学目标的表述由几部分组成？
> 　　2. 案例中是如何处理新课程中提倡的"三维目标"的？

实践应用

　　教学目标是希望通过教学活动让学生学会什么，或者会更好地去做什么，或者在思想上、行为上发生一些相对持久的变化的表述，具有可操作性和可测量性。因为关注的是学生的学习行为的变化，故近几年一些教学方案的设计中以"学习目标"取代"教学目标"。学习目标也是指学生通过学习活动要达到的预期的学习结果。教学目的是希望通过教学活动所要取得什么样效果的一个总的比较概括的表述，叙述比较笼统和抽象。因此，教师在设计每堂课的教学方案时，应是"教学目标"或"学习目标"。

　　从学生的行为表现来看，严格意义上的教学目标的组成因素有："谁"要完成这些行为（"学生"或"学习者"）；用来证实能够达成目标的"实际行为"（"写出"或"说出"）；用来判定目标是否达成的行为"结果"（"一篇文章"或"演说"）；完成行为的"相关条件"（"在 10 分钟中内"或"在全班面前"）；用来判定达成预期行为的"标准"（"答对 90%"或"正确"）。

　　案例中二年级的教学目标之一"小组内能正确认读 10 个生字,写字本上按笔顺书写 4 个生字",从中可以看出显然"谁"是"学生"(教师只要明白你的教学目标关注的是学生的行为,而不是教师本人的行为,"谁"就可以在目标中不出现);"实际行为"是"认读"和"书写";"结果"是"10 个生字"和"4 个生字";"相关条件"是"小组内"和"写字本";"标准"是"正确"和"按笔顺"。在实践层面上,有经验的教师一般关注"实际行为"、"结果"、"标准"三个主要因素即可。

　　复式教师要在透彻理解新课程标准和熟悉教材的基础上,根据学生的实际情况作深入细致的研究,在阐明各年级教学目标时,应遵循以下几点要求:教学目标要具体明确;便于测量和评价;具有可行性,便于操作执行。因此,用一些具有操作性的不易曲解的行为动词(见附件 1)来表述教学目标则可以达成上述要求。

　　案例中一年级、二年级的教学目标只表述"知识与技能目标",如"能正确熟练认读学过的 6 个单韵母和 10 个声母及它们组成的音节","能正确认读 10 个生字,按笔顺书写 4 个生字"等。"过程与方法"、"情感、态度、价值观"目标则是在教学过程的活动设计中体现出来。如一年级通过看、听、读、写、做、玩、伙伴互动等方式掌握拼音的读音与字形;通过玩游戏、看口型猜字母、用多种材料制作形近的声母和韵母等活动,满足低年龄儿童的活泼、好动的心理特点,提高了拼音学习的趣味性,让学生喜欢学习拼音。二年级则通过结合插图与课文,在朗读中感受不懂的词语,并与伙伴交流自己的想法等方式在与伙伴的交流中,学会合作、学会倾听与表达;用自己喜欢的方式读课文,满足了学生个性发展的需要,同时在诵读中体会课文表达的情感,抒发对大自然的赞美之情。概而言之,案例中在落实"三维目标"的过程中,以"知识与技能目标"为主线,渗透"情感、态度、价值观",并充分体现在学习探究的"过程与方法"中。

理论讲堂

　　"同动同静"复式教学模式下,复式教学目标显得尤其重要,它不仅是复式教师和不同年级学生通过教和学的活动所预期要实现的各年级学生行为的变化,同时也是复式教学过程所依据的指标,是评价不同年级学与教活动的依据。

　　新课程提倡的"三维目标"是设计课程的"总目标",之下还有 4 个学段 9 个年级的"阶段目标"(或称"分目标""学段目标"等)。课程的"总目标"与"阶段目标"并不是制订具体教学目标的依据。教学内容与学情的分析,决定了制订教学目标的维度。教材作为教学内容的载体,原则上是按照"三维目标"体系编写的,根据体系,教材的每一个单元、每一课,均有其重点。这些重点,有的以知识与能力为主,有的注重学习过程与学习方法的传授,有的则重在培养情感态度与价值观,还有的则融合了两个或三个维度,呈现一种综合态势。这些单维、两维、三维的课程资源相互交织在一起,多样且有序地将课程的"总目标"与"阶段目标"体系体现出来。对于一课的教学而言,根据课程目标体系的阶段安排与教材等课程资源的特点,其目标有可能是单维的、两维的,也有可能是三维的。因此,不能不顾课程目标体系与教材特点,把"三个维度"当做模式来硬套教学目标的设计。

　　在同步式教案的设计中, 语文课程目标总体思路必须体现新课程要求的"三维目标",但它并不是制订具体教学目标的依据。我们不能将课程目标总体思路的"三维目标"当成教学目标,而忽视了教学内容与学情在制订教学目标过程中的基础地位。事实上,教师的教学是根据学科课程目标体系,特别是阶段目标的具体要求,以及教材等课程资源的特点展开的,而不是直接把"三维目标"当成具体教学设计乃至教学评估的依据。

第 3 节
复式教学过程的设计

　　小学语文、数学学科中的教学重点一般是指基础知识、基本概念、基本原理和基本技能;难点一般是指学生在学习中会遇到困难的地方。学科中的教学重点基本就是能够达成的教学目标,即知识、技能的学习与应用。因此整个复式教学方案的设计要找准不同年级教学中的重难点,并环绕教学重难点来合理地设计教学过程。

　　教学过程是复式教学方案的主要内容。在你设计的复式教学方案中,复式教学过程的设计有哪几个环节?

　　请写在下面的空白处:

　　不同年级之间,教学过程的各个环节是如何协调搭配的?

　　请写在下面的空白处:

　　同步式复式教案的设计过程中,教学过程是达成教学目标的主要手段。大胆尝试,努力完成下面的活动,你将会对同步式复式教案中的教学过程有一个新的认识。

活动 4.3　设计

选择一个你以前使用并熟悉的两级复式教案,参照表4-1的案例,尝试重新设计"同动同静"新模式下的同步式复式教案。注意以下问题:

1. 根据第2节的自学内容,修订两个年级的教学目标。

2. 在教学过程的设计中,各年级"同动"、"同静"环节的设计是重点,特别是"同静"环节中的参与式活动的设计。

3. 教学活动的设计要为教学目标服务。

实践应用

无论是单式教学,还是不同模式下的复式教学,教学过程都必须要经过导入新课、讲授新课、巩固新课、布置作业等环节来展开。在传统的"动静搭配"模式下的复式教学,两个年级之间,教学过程的几个环节是"交错"搭配。如一年级教师直接讲授,进行导入新课、讲授新课环节,二年级则自动作业,在小组长的带领下,复习旧知,预习新知。此时教师讲解时的声音以及有趣的故事等都会成为二年级学生的"干扰"。反之依然。所以,抗干扰就成了"动静搭配"模式下一个永久的话题。

在"同动同静"新模式下的复式教学过程仍然要遵循导入新课、讲授新课、巩固新课、布置作业等环节,只是借助两个年级"同动"、"同静"时的如"接龙游戏"、"苹果入筐"、"玩字母纸"、"擂台赛"、"找朋友"等参与式教学活动得以实施。在以"学生为中心"的教育教学理念下,参与式教学活动彻底改变了传统意义的教学中以教师的讲解为主、学生被动参与、观念活动与学生的实践活动相脱离的现状。教师是教学活动情景的创造者、组织者、引导者,学生则自主、合作、探究地学习。多种形式的参与式活动,其目的也是为了更好地引导学生进行基本知识和基本技能等方面的训练。

新模式下的同步式教案设计,需要教师花费一定的精力设计参与式的教学活动游戏,尤其是将一些枯燥的学习内容设计成符合学生好动、爱玩天性的游戏活动,即参与式教学活动。在参与式教学活动中,探究、体验是学生课堂上一个重要环节,是学生深入理解、消化所学内容的一个过程,是认识过程中的再次飞跃。

小学数学中的表内乘法,是学生学习乘除法运算的基础,学生应熟练记忆乘法口诀,但机械地反复记忆乘法口诀很乏味。根据儿童的认知规律与心理特征,设计充满情趣、富有挑战性的游戏活动,通过游戏活动创设儿童平等参与的机会,通过游戏活动激发儿童学习的动机。学生在玩纸牌接龙游戏(纸牌的做法、玩法及游戏规则见附件2)时,每出一张牌不仅要计算自己手中的纸牌上各乘式的积和各乘积的分解,而且还要计算拟对接的纸牌上算式的乘积和乘积的分解,对接错的纸牌大家在进行监督时也需要做乘法运算。这样就会通过游戏活动进行大量的乘法计算,使学生在轻松愉快的氛围中记忆乘法口诀,产生事半功倍的效果。

小学语文中一些字母、生字词等也可以做成纸牌,学生按照规则进行游戏,如表4-1案例中"玩字母牌"。教师将6个单韵母和10个声母分别写在废旧的纸盒背面做成16张纸牌,根据小组数制作相应的套数。游戏时规定学生先轮流抓牌,抓完后,依次出牌,出牌者读出牌上的拼音,读对了,其他同学跟读,读错了,其他同学纠正。每次应进行两轮到三轮。

> 参与式教学活动主要指在教学过程中学生自主参与的,以学生学习兴趣和内在需要为基础,以主动探索、变革、改造活动对象为特征,以实现学生主体能力综合发展为目的的实践活动。

同步式复式教案的设计中,参与式教学活动的设计目的是为了实现教学目标,因此活动的内容与形式都应紧扣教学目标,更好地为教学目标服务。学生的学习任务是教学目标的载体,因此设计活动时应考虑如何让学生在活动中完成学习任务。活动设计应将知识性与娱乐性有机结合起来,便于全体学生参与,既让学生在参与中独立自主学习,也让学生与他人合作互助学习,从而体验学习的乐趣。

理论讲堂

　　教学过程是教学方案的主要内容。教学过程设计得是否恰当,直接关系到教学任务能否顺利完成,教学目标是否能够达成。由于各科教学目标不尽相同,新授课、复习课等有异,所以教学过程也各具特色。但是教学过程大致可以通过以下几环节来展开。

　　导入新课。目的是加强新旧知识的联系,激起学生对学习新课的兴趣和动机。导入新课一般用 3~5 分钟即可。

　　讲授新课。讲授新课是教学过程的重要组成部分。其目的在于使学生掌握新知识和发展新能力。讲授新课以占用一堂课的 1/2~2/3 时间进行为宜。

　　巩固新课。巩固新课是为了加深对新教材的理解,并尽可能做到当堂消化和巩固。巩固新课宜控制在 5~10 分钟内。

　　布置课外作业。目的在于进一步巩固所学知识,培养学生独立工作的能力。布置课外作业,一般用 1~2 分钟即可完成。

　　在"同动同静"新模式下,同步式教学方案的设计可以以这几个环节作为设计框架。导入新课、讲授新课、巩固新课、布置作业等环节,在两个年级"同动"、"同静"时通过一些参与式活动得以展开。上述几个环节只是教学过程的基本环节,并非反映所有教学都必须经过这几个环节,特别是在"以学生为中心"的课堂,教师角色的转化使学生通过参与式活动在合作、探究中学习。同时,一些参与式活动要求混合分组,高年级的学生就可成为低年级学生的小老师。所以,教师在设计教学过程时可以参考选用这几个环节,但不可一成不变、按部就班地生搬硬套。

　　同步式教学方案要求教师在设计教学过程中,特别要注意以下几点:

　　教学过程要贯彻启发式指导思想。教学过程是动态因素之间互动互感的过程。教师每设计一个参与式活动,都要考虑如何运用启发式来激发学生的积极性和主动性,使学生积极思考,认真实践,生动活泼主动地学习知识、技能,发展能力。

教学过程要坚持理论联系实际的原则。根据学生以学习书本上的间接经验为主、实践活动少的特点，教师在依据教材逻辑顺序，依次设计教学过程时，要结合教材内容尽量多地让学生参加实践活动。如实验、实习、参观、调查等，丰富学生的感性知识，使之获得比较全面的知识。

教学过程必须紧扣教学目标。教案中所设计的师生课堂中所参与的各项教学活动，都必须按照教学规律的要求，为实现教学目标而设计。不允许与实现教学目标无关的活动占用课堂时间。

教师在进行教学过程设计时应打破原有教科书的限制，对学习内容进行重组，对教材的顺序、详略、深浅等作适当取舍、加工、提炼等处理，体现"同动同静"新模式下的特点。教师可以根据学习内容的共同点，设计不同年级的学生同时参与、同步活动、相互交流、互帮互学的活动。同时根据不同年级学生的差异，可以分层次提出不同年级的学习目标，使教学既有共同性，同时又具有差异性，使不同年级的学生在教学过程中共同参与，共同成长。

总　结

完成下面的活动，作为本章的总结活动。

活动 4.4　应用

请将本章活动 3 设计的教学方案应用于你的课堂教学中，尝试"同动同静"新模式给课堂带来的变化，并将你上课的感受和学生的反应以教后记的形式记录下来。

复式教学方案的设计是上好课的前提和基础。首先，教师要准确把握课程标准和学生的实际情况，合理选择、组织教材提供的内容，制订出切实、具体、可行的教学目标并突出教学中的重点、有合理解决难点的方案。其次，在设计教学过程时要在"同动"、"同静"上下功夫、做文章，设计出符合学生年龄特征的参与式教学活动,把学习的主动权真正交给学生。再次,教师要重视板书设计,同时写好教后记,为改进教学方法,提高教学艺术水平,进行教学研究提供第一手的感性材料。

附　件

附件 1：教学目标的表述

模糊的、不能直接观察的词汇	操作性的不易曲解的词汇
1.具有……知识	1.陈述……之间的关系
2.领会……	2.区分……
3.培养……能力	3.把……搭配起来
4.理解……	4.用自己的话来……
5.感受……	5.对……作出评价
6.对……感兴趣	6.说出……名字
7.完全欣赏……	7.列举出……的后果
8.掌握……的意义	8.把……分类
9.能够记忆……	9.把……整理、排列好
10.学会……	10.对……进行解释
11.重视……	11.对……提出问题
12.给学生……深刻印象	12.指出……
13.使学生形成……技能	13.对……求解
……	……

附件 2：接龙游戏

所谓"接龙游戏"是指每次所出牌上的积或乘式与前一张牌上的乘式或积相接,使之形成一个连接,可以连接为一条龙的形状,故为"接龙"。你也可以连接为其他形状,如"长城"、"围城"、"树状"等等。

1."接龙游戏"纸牌的制作方法：

(1)纸牌的张数最多为 45 张,这样就包括了"小九九"的所有乘法口诀。也可根据组内人数的多少,在 45 张的范围内或多或少;也可根据教学内容来设计纸牌的张数,如学习 8 的乘法口诀时,只设计 8 的一些口诀。

(2)每张纸牌可分为两部分,一部分为乘式,一部分为乘积。乘积不是这张纸牌的乘式的乘积,必须是其他纸牌上乘式的乘积,这样这两张牌才能接龙。

(3)纸牌的两部分最好用两种颜色涂底。

2."接龙游戏"的游戏规则：

(1)培训者要保证参与小组每组都有一副乘法口诀纸牌。

(2)每组先确定第一个接纸牌的人,然后按逆时针方向轮流接完纸牌。

(3)最先揭牌的人任意出一张牌,其他成员按一定的顺序轮流出牌,每人每次只能出一张牌。每次所出牌上的积与前一张牌上的乘式相对应,如手中的纸牌无法"接龙"的时候则轮空,由下一位参与者接着出牌。谁先接龙就再任出一张牌。

(4)其他成员要按一定的顺序轮流出牌……一直将牌出完为止,谁先出完手中的牌为胜者。

3.纸牌的制作见下图：

1 5×5	25 2×3	6 5×9	45 3×8	24 3×3	9 6×7
42 9×9	81 7×8	56 4×7	28 8×8	64 5×7	35 1×5
5 2×5	10 1×2	2 8×9	72 6×8	48 3×7	21 4×5
20 1×3	3 6×9	54 4×8	32 1×7	7 7×9	63 5×8
40 3×9	27 2×4	8 6×6	36 5×6	30 4×4	16 2×9
18 7×7	49 2×7	14 3×5	15 2×2	4 2×6	12 1×1

单元5 复式教学的教学手段

复式教学课堂离不开各种教学手段的支持，良好的教学效果需要复式教学教师灵活有效地使用教学手段才能达到。因此你要关注复式教学过程中使用的教学手段,这是复式教学取得成功的关键。此外,你要在了解复式教学常用教学手段的基础上,了解有效使用复式教学手段的策略。做到这些要求,你将能够系统地了解复式教学的教学手段,有效地使用教学手段达到课程目标。

学习目标

本单元学习完后,你将能够:
- 说出教学手段的定义、发展阶段和分类原则
- 说出几种复式教学中常用的教学手段,并制作出能够应用于课堂教学的大书和卡片
- 说出有效发挥教学手段作用的措施并有效实践

学习内容

本单元将包括以下内容:
第1节 教学手段综述
第2节 复式教学中的教学手段
第3节 如何发挥教学手段的作用

学习时间

本单元学习需要四个学时

你需要的材料

这部分学习,你需要准备以下材料:
- 笔记本
- 中性彩笔
- 卡片、白色厚纸板等材料

第1节
教学手段综述

　　复式教学教师多数分布在经济条件较为落后地区的教学点，各种教学设备的配备难以和先进发达的城市学校相比。但不管如何，作为一名复式教学教师，我们应该对教学手段有一个系统的了解，这是制作开发教学手段和有效运用教学手段的基础。你认为什么是教学手段呢？

　　请将你的看法写在下面的空白处：

　　目前,农村复式教学采用的主要是哪种教学手段？

　　请将你的看法写在下面的空白处：

完成下面的活动,可以帮助你理解教学手段。

活动 5.1　大家议一议

　　如果你是一位基层(复式)教师,那么你在学习了第一节的内容以后,可以结合本节介绍的内容,参考你在学习之前回答的问题的答案,联系你在学校使用教学手段的具体经验,对教学手段的内涵进行深入的思考。如果你是一位教研员或者校长, 除了以上独立思考以外,如果有条件,还可以给本校的教师进行一次关于教学手段的培训或者组织一次关于教学手段的讨论,听一听教师们对于教学手段的理解。

实践应用

　　教学手段是师生教学相互传递信息的工具、媒体或设备。随着科学技术的发展,教学手段经历了口头语言、文字和书籍、印刷教材、电子视听设备和多媒体网络技术等五个使用阶段。

　　现代化教学手段是与传统教学手段相对而言的。传统教学手段主要指一部教科书、一支粉笔、一块黑板、几幅历史挂图等。现代化教学手段是指各种电化教育器材和教材,即把幻灯机、投影仪、录音机、录像机、电视机、电影机、VCD 机、DVD 机、计算机等等搬入课堂,作为直观教具应用于各学科教学领域。因利用其声、光、电等现代化科学技术辅助教学,又称为"电化教学"。电化教学是随着社会不断的进步、现代化程度的提高和教学改革的进展而出现的一种新的教学手段。

　　如果你是教研员或者校长,在开展关于教学手段的培训或者组织关于教学手段的讨论时,你应该向复式教学教师交代这次活动的目的、意义,打消他们的顾虑,让老师们在讨论中畅所欲言。你可以作出总结,但尽量让老师们多思考、多发言。

如果你是一位基层（复式）教师，你可以独立地思考，并与其他老师探讨教学手段的内涵，树立关注身边的教学手段的意识，在接触和使用教学手段时多思考它们的用途。如果你有机会参与学校举办的关于教学手段的讨论和培训，可以和其他老师热烈地讨论教学手段的内涵、意义等，发表自己的看法，也听一听其他老师的理解。

理论讲堂

所谓教学手段，是指师生为实现预期的教学目的，开展教学活动、相互传递信息的工具、媒体或设备。

教学手段是教学活动不可缺少的一个必要的和重要的组成部分。教师如果掌握了教学手段，就能更好地发挥出一个教育者、知识的传播者、组织者和检查者的作用。教学手段有助于教师更全面、更深入地揭示教材的内容，有助于教师简明扼要地叙述教材的内容，有助于教师培养学生良好的学习动机。恰当地使用教学手段，能够优质高效地输送教学信息，使教师在课堂上摆脱大量的纯技术性工作，从而有更多时间同学生一起从事创造性劳动。

教学手段的发展，概括起来，经历了以下六个过程：

非言语表达阶段：在语言还没有产生之前，人类原始的教学主要是借助自己的身体器官作为教学手段，以手势、面部表情、喊叫、动作等类语言或体态语为主，辅助以简单的图像符号进行的。

口头语言阶段：语言的产生，极大地促进了知识、经验的教与学。语言作为教学手段的新发展，完善了口耳相传的教学形式，大大提高了传意能力和教学能力，使人类创造的生产、生活经验得以广泛地传播和延续。

文字书籍阶段：文字体系的形成、造纸术和印刷术的发展，为教学活动创造了极其有利的条件。记录语言的文字符号成为传播社会意识和经验的重要工具，专为教学目的编印的教科书成为重要的教学手段。

直观教具阶段：直观教具是随着学校教学的发展，为弥补语言、文字的实感性差的不足而出现的以提供感性经验为特点的教学手段。直观教具又称视觉教具,它主要通过学生的视觉器官接收视频信号所载送的知识信息。近代直观教具已形成比较完整的体系。

视听媒体阶段:视听媒体是应用先进的科学技术发展起来的现代化教学手段,像幻灯机、电影机、唱片机、收音机、录音机、录像机、电视、语言实验室、教学机器等均属此类。视听媒体的出现大大突破了直观对象本身和人的感觉本身的局限性,标志着教学手段的发展进入现代化阶段。

高新技术阶段:作为人脑的延伸的电子计算机应用于教学领域,"应该说,这又是一次新的质的飞跃"。目前,综合了高新技术的通信卫星、信息高速公路等,正为教学手段的革命带来新的突破,给人类教学领域展示着广阔的发展前景。

根据教学手段产生时间和技术水平分类,可将教学手段分为:

传统教学手段。如黑板、粉笔、标本、挂图、模型、表格等,我国的复式教学主要运用的是传统教学手段。

现代化教学手段。如幻灯机、投影仪、录音机、电影机、电视机、录像机、语言实验室、程序教学机、电子计算机、通信卫星等。这种分类可使我们清楚地认识到教学手段体现的时代特点和技术水平,在提高运用传统教学手段水平的基础上,积极创造条件普及现代化教学手段,更好地提高教学质量和效率。

根据提供信息的来源分类,可将教学手段分为:

视听教学手段。这一类教学手段包括视觉的、听觉的以及视听结合的三种,它们将信息诉诸师生的视听觉,是师生获取信息的主要来源。

实际操作的教学手段。这类教学手段是使学生通过实际操作来获取信息的,如算盘、计算尺、计算器以及供实验用的各种必要工具等。

人工智能教学手段,主要指电子计算机。利用电子计算机辅助教学、管理教学、模拟教学,均能取得其他教学手段无法比拟的效果。这种分类揭示了各类教学手段向学生提供信息的来源,便于教师在教学中根据实际需要选用不同的教学手段。

目前,农村复式教学采用的主要是前两种教学手段,即视听教学手段和实际操作的教学手段。

第 2 节
复式教学中的教学手段

我们在前一节的学习中对教学手段有了一个初步的了解，作为一名复式教学教师，我们会很自然地问道："复式教学中的教学手段有没有特殊之处呢？"你的提问切中要害！在这一节，我们将一起探讨和学习复式教学中常用的特色教学手段。你认为复式教学中有哪些常用的教学手段呢？它们是如何促进复式教学的呢？

请将你的观点写在下面的空白处：

写完后，和他人交换意见，在深入探讨后对你刚刚写下的内容进行补充：

请写在下面的空白处：

完成下面的活动，可以帮助你对复式教学中的教学手段有一个新的认识。

活动 5.2　大家做一做

如果你是一位教研员或者校长，可以有计划地和本校的复式教学教师讨论自行开发教学具的事宜，并鼓励复式教师在课堂教学中运用自制的教学具促进教学目标的达成。

如果你是一位基层(复式)教师，那么你在学习了第一节的内容以后，可以尝试着制作一些教学具，并把它们运用到课堂教学过程中。

实践应用

在会宁县项目执行学校，教师开发了一种"大书"。"大书"是一种承载了教学信息的厚纸板，具有容量大、永久保存、使用方便、易于接受等特点，是复式教学过程中极具特色的教学手段。接下来，我们一起来尝试着制作大书。

如果你是教研员或者校长，在和本校的复式教师讨论开发大书、卡片等教学具的具体事宜时，应当鼓励复式教师充分发挥自己的智慧，大胆创新，结合当地的社会风俗和素材并参考教材，因地制宜地制作出既能激发孩子们的兴趣，又能很好地达成教学目标的大书和卡片等教学具。你应当给予开发大书和卡片的复式教师必要的支持，提高他们自主开发的积极性。

如果你是一线复式教师，你可以按照以下方法制作大书：

制作大书前，你首先需要准备好白色厚纸板、彩色笔、直尺等材料。

制作大书时，你需要挖掘自己的智慧，运用自己多年的教学经验，从当地常见的素材入手并结合参考教材，开发出适合同时进行多年级授课的大书。一般情况下,你需要对教材进行整合,设计一个囊括两个年级知识点的情境,并将情境描述在自制大书上面。你可以根据需要在大书上面画上表格,填入数字,配上插图,用于数学中的加减法教学;也可以写上生字,标上拼音,配上图画,组成句子,甚至配上自编的顺口溜等学习要素用于语文的识字教学。你可以使用鲜艳的色彩进行绘画和书写,以吸引孩子们的眼球,并通过色彩的差异,有效地突出重点内容,为更好地达成教学目标服务。大书的制作对各方面能力的要求比较高,你可能会感觉到困难。不要紧,通过有效的培训和自己不断地探索实践,你一定能开发出高质量、高水平的大书。

大书制作完成后,根据课堂教学需要在课堂中随时将其放置在展示架上协助教学。你需要在具体的课堂实践中不断总结经验,对大书进行反思和改进,以此来提高自己自主开发的能力。将开发使用大书的活动坚持下去,你会体验到大书给你上课带来的方便,这种体验会使你保持继续开发大书的动机。另外,你还可以鼓励学生参与到大书的开发过程中来,培养学生整合教材以及归纳重点信息的能力。

以上是大书开发的基本过程,你可以按照这个过程进行大书开发。你也可以发挥自己的聪明才智,开发出别具一格的优秀的大书。

理论讲堂

从原则上来说,所有运用于教学过程中的教学媒体都可以为复式教学服务。结合我国复式教学的实际状况,我国的农村复式教学过程从教学手段产生时间和技术水平来看,主要使用的是传统教学手段;从提供信息的来源方面看,主要使用的是实际操作的教学手段以及部分视听教学手段。

复式教学的教学手段有哪些特色呢?为了良好地实现信息交互进而实现预期的教学目标,复式教学不仅采用单式教学的教学手段开展教学活动,而且在实践过程中发展了一些独特的教学手段。

大书:是一种承载了教学信息的厚纸板,具有容量大、永久保存、使用方便、易于接受等特点,是复式教学过程中极具特色的教学手段。教师可以用鲜艳的彩色笔在大书上抄写生字、词语、诗歌、重点句子、练习题等与课堂教学息息相关的内容，还可以因地制宜地配上图画帮助学习者更好地理解相关知识。教师在备课时用大书把重点教学内容准备好,上课时,根据课堂教学需要在课堂中随时放置在展示架上协助教学。与黑板比较,使用大书拉近了学习者与教学内容之间的距离,它不仅色彩鲜明,使得学习者在心理上更容易接受,而且大书可以随时移动,使学习者更容易看清楚学习的内容。此外,大书节省了宝贵的上课时间,毕竟教师在黑板上描述出和大书一样的教学内容需要占用大量的课堂时间，还能够使教师有效地熟悉课堂上的重点难点,从而使课堂教学更具针对性。大书能够永久保存,不仅可以用于教授新的知识,还可以在学期结束进行复习时使用。

大书是一种用来展示教学内容、提示教学活动的教学手段。大书的物质表现形式是一系列承载了教学信息的厚纸板，而其内容表现形式则根据教学要求的不同而不同,它既可以单独表现一个年级的教学内容,也可以表现已经经过整合的、各复式年级共同学习的教学内容,因而它可以是一个有效包含了各年级学习内容的巧妙设计的情景。每页大书的内容具有相对的独立性和完整性,它或者描述一个相对完整的教学情境,通常情况下这是一个整合多年级教学内容的情境，教师往往在这种特殊设计的教学情境下进行"同动同静"的复式教学活动,同步向各个年级的学生讲授学习内容;或者记载一个相对完整的教学单元,如诗歌、生字或者只涉及一个年级的教学活动任务等。在进行"动静搭配"的复式教学中,复式教师一方面使用大书向处于动态过程的年级进行知识讲授，一方面让处于静态过程的年级通过大书进行其他学习活动,此时,两个年级的学习内容或者整合在一页大书上,或者用不同的两页大书分别承载。而在进行以小组教学为主要特征的"同动同静"复式教学时,复式教师也可以在组织"同动"或者"同静"的教学过程中,分别使用描述不同年级学习内容的大书作为辅助教学具促进学习者在小组学习中取得进步。这种情况下,两个年级的学习内容通常通过不同的两页大书分别承载,以适应不同的分组对学习内容的需求差异且减少年级间在学习内容上的互相干扰。

大书图例【1】

大书图例【2】

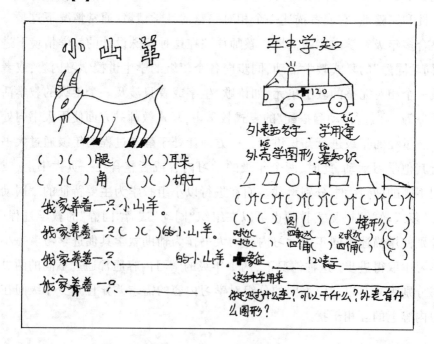

大书描述的是一个完整独立的教学单元"家乡的植物",不仅有色彩鲜艳的图画,还有朗朗上口的顺口溜,适合低年级学习者的学习需求。

大书图例【3】(正面)

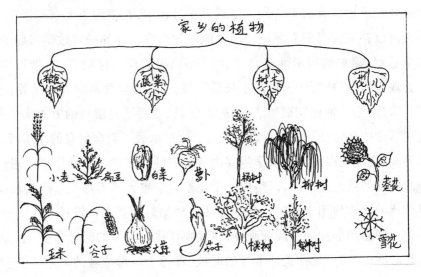

大书图例【4】(反面)

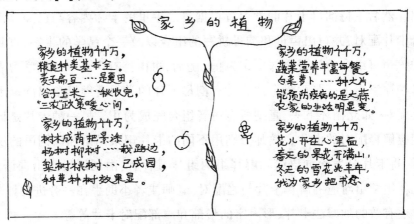

大书的创作过程很大程度上依赖于复式教师的个人能力和主观能动性。复式教师应当依据教学大纲和参考教材的要求,充分发挥自己的主观能动性,结合自己的教学经验和当地的社会生活实际,创作出学习者易懂、内容丰富的教学信息载体。

小黑板:是教学过程中普遍使用的一种教学具,具有使用方便、简单轻便等特点,近年逐渐被复式教学采用。小黑板与大书的区别在于:第一,小黑板记录的教学信息不具有永久保存性;第二,小黑板的内容丰富程度不如大书,信息的色彩吸引性也逊色于大书;最后,对小黑板所记录的教学信息的完整性要求也没有大书的高。复式教学过程中,在使用了大书的情形下,小黑板可以补充大书不方便记载的其他教学内容,比如一些数学习题的具体演算过程、简单的提示性语言等等。小黑板的样式也很多,有带田字格的小方块黑板,有抄写句子用的小长条黑板,也有抄写段落的大方黑板。

卡片:是一种比较简单、实用的教学具,主要通过游戏的方式来使用,是复式教学中经常使用的一种教学具。卡片是承载了教学信息的小纸板,类型多种多样,往往根据课堂教学需要由复式教师或者学习者制作并使用。每张卡片承载的信息量小,所以组成一个完整教学单元的卡片数量往往较多。通过游戏的方式使用卡片时,教师往往会根据教学要求在设计卡片的过程中规定一种使用卡片的游戏规则,游戏规则往往以卡片的配对为多。比如声母卡片和韵母卡片,教师设计卡片的时候,将每个声母或者韵母用一张卡片来记录,按一定的方式给学习者分派卡片后,规定手持声母卡片的学习者先出,然后手持韵母卡片的学习者根据自己手里的卡片内容与已经拿出的声母卡片配对,并写出声母和韵母拼写的组合以及一个已学的生字,直到能够和该声母组合的韵母全部出完为止。随后,再由持有声母卡片的学习者按声母顺序拿出下一张声母卡片,持有韵母卡片的学习者继续拿出韵母卡片与其配对,如此循环下去,直到所有拼音组合完成为止。另一种卡片是词语和相应解释配对的卡片,教师分别用不同的卡片记录词语和该词语的汉语解释,将卡片分发给词语组和解释组两组学习者后,由词语组先出词语卡片,解释组拿出对应的解释卡片与之配对,老师或者小助手在一旁进行评判。另外还有数的加减法卡片、形声字的形部和声部配对卡片等等。

小木棒、玉米粒等:是一种用来学习小学算术的学习工具,主要作用是协助抽象思维能力还不强的低年级学习者学习简单的加减法。它的主要特点是具有可感知性和形象性,是学前班以及一年级学习者在学习抽象逻辑的数字以及加减法时不可或缺的一种学习工具。

算盘(珠):是一种辅助数学学习的工具,具有直观明了、操作方便等特点。教师用大型的教学算盘(珠)向学习者教授算术内容,学习者通过小型的算盘(珠)在教师的指导下学习算术。算盘(珠)直观地再现了逻辑上比较抽象的十进位,非常适合低年级学生学习加法进位时使用。教师在课堂上有意识地让学习者多接触算盘(珠),不仅可以更好地达到帮助学习者理解掌握十进位制的教学目的,还能够提高他们学习使用算盘(珠)的能力。

录放机:是一种功能比较强大的视听设备,可以用来朗读课文材料、播放歌曲和体操口令,同时,可以对一些有价值的课堂或者讲话进行录音,是一种常用的辅助教学具。

电视机:是现代化的辅助教学设备,具有视听合一的特点,鲜艳图画和悦耳声音的结合使得电视机具有极强的吸引力。近年来电视机逐渐应用到教学领域,适合于收看电视台的视频节目以及和DVD、VCD等设备结合播放宣传片、教学片等音像材料等。由于电视机的功能主要在于生活休闲,同时由于山区复式教学点经济条件的限制,其在复式教学领域的使用还是比较少的,只是作为一种辅助教学设备使用。

复式教学过程是一个比较复杂的教学过程,为了减少声浪干扰,项目组在实践的基础上,创新发展了"同动同静"的复式教学模式,即在复式课堂上,复式教师在整合了多个年级教学内容的情景下同时对各个年级进行教学。这不仅可以有效地解决声浪干扰的问题,还可以促进各年级学习者之间的互动与交流。这种模式的有效运行,离不开各种教学手段的使用,如大书、小黑板、卡片等等。但是,仅仅只有以上这些教学手段是不够的,我们还需要因地制宜,根据课堂需要制作适合当地课堂教学的各种教学具。所以,复式教师们应当具有开发制作各种教具和学具的能力,结合当地的教学实际情况,创造性地开发出各种有效的教学具,促进复式教学课堂取得更好的效果,达到预期的目标。

当然,要提高复式教师的自制教学具的能力,不仅要求复式教师在平时的教师实践工作中开动脑筋、运用自己的智慧去探索,还要求各级教育机构以及专业培训机构重视对复式教师进行制作教学具技能的培训。

第3节
如何发挥教学手段的作用

　　通过前两节内容的学习，我们了解了教学手段的内涵以及在复式教学中常用的教学手段。现在，我们应该考虑如何有效地发挥教学手段的作用了。有效地发挥教学手段的作用，是我们这一章学习内容最重要的目的之一。请结合你的教学经验，谈一谈你对如何有效发挥教学手段作用的看法。

　　请把你的看法写在下面的空白处：

　　在复式教学中，如何才能有效地运用各种教学手段，达到预期的教学目标呢？各种各样的教学具，应当如何选择才能获得更好的教学效果呢？对于这些问题，有不少关注复式教学的老师和学者曾经思考过而且还在不断地思考和探究之中。请结合你的教学经验，谈一谈你的看法。

　　请把你的看法写在下面的空白处：

完成下面的活动,可以帮助你对校本课程有一个深入的了解。

活动 5.3　大家想一想

　　如果你是一位基层(复式)教师,那么你在学习了第一节的内容以后,就可以结合本节介绍的内容并参考你在学习之前的思考内容,对如何发挥教学手段的作用进行进一步深入的思考。独立思考后,你可以与其他教师一起探讨有效发挥教学手段作用的策略,共同得出一些关于策略的合理结论,并有意识地在教学实践中运用这些策略,提高你的教学效率。如果你是一位教研员或者校长,除了以上独立思考以外,如果有条件,还可以组织一次关于如何有效发挥教学手段作用的专题讨论,听一听教师们对于如何有效发挥教学手段作用的看法,并鼓励和督促复式教师在教学实践中运用这些策略改进自己的复式教学课堂。

实践应用

　　如果你是教研员或者校长,在组织关于"如何有效发挥教学手段作用的专题讨论"时,你应该向复式教师交代这次活动的目的、意义,让教师们在讨论中畅所欲言。你可以鼓励教师们结合他们的教学经验谈对发挥教学手段作用的看法,并集体得出一些可行性的建议。你应当鼓励复式教师在教学实践中运用这些策略,鼓励他们有意识地发现新的策略。你可以定期组织教师们就这个专题进行讨论,这对提高学校教师的教学水平很有好处。

　　如果你是一位基层(复式)教师,你可以独立思考,并与其他教师探讨如何有效发挥教学手段的作用,并在教学实践中运用这些策略改进你的课堂教学,树立自主运用已知策略和发现新策略的意识,做一个有心人,不断地总结和改进有效发挥教学手段作用的策略。如果你有机会参与学校举办的关于教学手段的讨论，可以和其他教师热烈地讨论如何有效发挥教学手段的作用，结合自己的经验表述你的观点，也听一听其他教师的理解，共同学习，共同提高。

请你根据你的思考或者参加相关讨论的收获，写出一些如何有效发挥教学手段的作用的策略，尽量结合本节知识内容发表自己的意见。同时，以此来评价你对本小节的学习情况。

理论讲堂

在复式教学中，有效地运用各种教学手段，达到预期的教学目标，面对各种各样的教学具，应当有所选择才能获得更好的教学效果。对于这些问题，有不少关注复式教学的教师和学者曾经思考过而且还在不断地思考和探究之中。笔者通过自己的思考并结合其他学者的成果，提出以下几点建议和措施。

了解各种教学手段的功能、特点以及使用程序。复式教学手段是为复式教学过程服务的，为了更好地使用教学具，使其支持教学的效果达到最大化，我们必须充分了解各种教学具的功能、特点以及使用程序。只有了解了教学具的功能，我们才能知道达到自己的教学目标应当选择哪一种教学具；只有了解了教学具的特点，我们在有多种教学具可选择的情况下才能够选择出合适的方便实用的教学具；只有了解了教学具的使用程序，我们才能够正确地使用教学具，更好地为教学过程服务。

常用的教学具有大书、小黑板、卡片、小木棒、算盘(珠)、录放机、电视机等等，每一种教学具都有各自的功能、特点以及使用程序，这些在上一节都有介绍。其中大书和卡片是复式教学过程中非常重要的两种教学具，大书的色彩鲜明、节省课堂时间、移动方便、内容丰富、能够永久保存等特点，使得它成为复式教学中重要的实用工具。与此同时，大书也具有成本花费较高、制作耗时长、对复式教师要求高等弱点，在一些偏远贫困的复式教学点推广实行也有一定的困难。卡片最重要的特点是适合于游戏,对提高低年级学习者的学习参与性、实践"玩中学"的理念有着重要的作用,而且卡片的成本低廉,制作起来比较简单方便,是一种值得开发的实用教学具。

　　把握教学媒体选择的三原则,即目标控制原则、内容符合原则、对象适应原则,同时依据认知心理学的理论,选择合适的教学媒体。在选择教学媒体时,应当把握住目标控制原则、内容符合原则、对象适应原则,依据这些原则选择合适的教学具。目标控制原则,指的是在选择教学具的时候,要以达到预期的教学目标为依据。教学目标的达成,是所有教学活动的出发点和归宿,选择教学具时,必须要能够保证所选择的教学具能够有效地达成教学目标。内容符合原则,指的是所选择的教学具要适合于表达和呈现教学内容,必须以"有效地向学习者呈现出易于接受的教学内容"为标准来选择教学具。对象适应原则,指的是教学手段要适应学习者的身心发展程度,不能盲目地追求现代化多媒体等低年级学习者目前的心智发展水平还难以操控和掌握的教学具。

　　为了使媒体利用能在教学中发挥最佳的效果, 教学具的选择和设计制作除了要考虑教学目标控制原则、教学内容符合原则和教学对象适应原则以外还必须有认知心理学的理论依据。著名教学设计大师和认知心理学家加涅认为学习是个体的一整套内部加工过程,在这个过程中,个体把环境中的刺激转化为能进入长时间记忆状态的信息, 同时个体的学习活动要受到内部和外部两大条件制约,内部条件即初始技能、动机等,外部条件是指学习环境。他据此提出了教学过程的九大教学事件,即引起学习注意、交代学习目标、回忆相关旧知识、呈现教学内容、提供学习指导、引发行为表现、给予信息反馈、评价行为表现及强化保持迁移。每个教学事件对应着一段心理过程,需要不同的教学具来协助完成这些教学事件。复式教师应当了解认知心理学的理论依据,从心理学的角度把握整个教学过程,从而选择合适的教学具达成教学目标, 使得选择和设计制作教学具的工作建立在坚实的认知心理学基础之上。

　　灵活使用各种媒体,发挥各种媒体的最佳效能,为教学过程服务。各种教学具应当灵活使用,既不可只用其一而偏废其他,也不可以为了使用教学具而使用教学具。在教学具选择的过程中,我们应当坚持"大体上把握原则,局部不失灵活"的理念,灵活地使用各种教学具来开展教学活动。在一些特定的难以找到最佳的教学具,而且能够保证所选择的替代教学具可以达到预期的教学目标的情况下,可以根据实际情况灵活地使用一些替代的教学具来完成教学任务。

总　结

　　通过本章内容的学习,我们对教学手段尤其是复式教学手段有了一个比较全面的了解。我们了解了教学手段的定义和意义、发展阶段以及分类方法;掌握了复式教学中经常使用的大书、卡片等教学手段的作用、制作过程、使用方法;掌握了如何有效发挥教学手段作用的策略。这对复式教师在课堂实践中有效使用各种教学手段达成教学目标有着极其重要的意义。我们知道,教学手段的选择与使用并不是一个机械的过程,而是非常灵活且富有创造性的。所以,我们的复式教师应当掌握本章介绍的关于教学手段的知识,发挥自己的聪明才智,在教学实践过程中根据具体需要因地制宜,创造性地开发和使用各种有效的教学具,保证学习目标又好又快地达成。

单元6　复式教学组织形式的管理

　　面对五彩缤纷的教材,面对不同年龄、不同层次、不同水平的学生,以什么样的形式安排教学程序、组织学生活动、生动活泼地向学生准确传递知识、引导学生积极主动地获取知识,这是令许多复式教师困惑已久的问题。

学习目标

　　本单元学习完后,你将能够:

- 说出什么是教学组织形式
- 运用基本的教学组织形式设计教案
- 在复式教学中采用新颖的教学组织形式

学习内容

　　本单元将包括以下内容:

第1节　教学组织形式

第2节　复式教学组织形式的管理

学习时间

　　本单元的学习需要两个学时

你需要的材料

　　这部分的学习,你需要准备以下材料:

- 笔记本
- 大白纸、记号笔
- 一、二年级语文、数学教科书(版本不限)

第1节
教学组织形式

在教学理论和实践中,课程的开设、教学过程的设计、教学方法的运用以及教学任务的完成等,必须凭借和运用一定的组织形式。离开了教学组织形式,就不存在什么教学活动。这里提到的教学组织形式是教学理论中的一个重要组成部分,明确其内涵并努力改进,直接关系着整个教学过程的设计与实施、教育教学质量的提高问题。

目前,班级教学是我国中小学最基本的教学组织形式。但是,很多学者和一线教师都认识到了班级教学的弊端,不断在课堂类型和结构、师生合作方式、时空组合方式等方面,结合国外教学组织形式发展情况进行各种研究,试图改进或者打破这种教学组织形式,以期为实际教学提供便捷有效的服务。那么,你是如何理解教学组织形式的?

请将你的观点写在下面的空白处:

你在复式教学实践中都采取了哪些教学组织形式?

请将你的做法或你知道的写在下面的空白处:

你采取的教学组织形式达到预期目标了吗？如果达到了,成功之处在哪里？如果没有达到,为什么会失败？可以结合下面的具体活动进行思考。

活动 6.1　案例分析

下面的案例为小学低年级语文两级复式教学的设计,仔细阅读案例回答下列问题：

1.在各个教学环节中,这位教师分别采用了哪些教学方法为其教学目标服务？请按顺序填在表格中。

2.自读理论讲堂内容,判断这位教师采取哪些教学组织形式来为其教学内容和教学方法服务的？（一个环节可填多种教学组织形式）

教学案例：人教版二年级语文下册《找春天》

教学目标：

1.会认9个生字,会写9个字。积累描写春天的词语、句子。

2.正确、流利、有感情地朗读课文,背诵课文,体会春天的美景,体验投身到大自然怀抱中去的情趣。

3.热爱春天,愿意去观察、发现。

教学重点：识记生字,积累词语,感情朗读

教学难点：体会春光的美好,体验投身大自然的情趣,养成主动观察发现的习惯。

教学准备：歌曲磁带、课件

教学过程：

一、调动积累,激趣揭题

1.播放歌曲《春天在哪里》。随机板书：春天。

随着乐曲,师生回顾积累的有关春天的词句。

2.揭示课题：找春天。

师:春天来了! 春天来了! 我们就和这几个新朋友一起去找春天。

二、感知课文,自学生字

1.学生自由读课文,用自己喜欢的方法自学生字。

2.在小组交流自学生字的方法。

3.出示句子,检查自学生字情况。

A.春天像个害羞的小姑娘,遮遮掩掩,躲躲藏藏。

B.小草从地下探出头来,那是春天的眉毛吧?

C.树木吐出点点嫩芽,那是春天的音符吧?

D.春天来了,我们看到了她,我们听到了她,我们闻到了她,我们触到了她。

E.她在柳枝上荡秋千,在风筝尾巴上摇啊摇;她在喜鹊、杜鹃嘴里叫,在桃花、杏花枝头笑……

读通句子,检查生字读音情况。相机指导书写:探、躲。

再读句子,看看你有什么发现。

三、朗读课文,感悟积累

师:春天真像个害羞的小姑娘, 我们赶快和这几个小朋友一起脱掉棉袄,冲出家门,奔向田野,去寻找春天吧!

1.学生读课文,结合图,找一找春天在哪里?

全班交流,读通课文。

2.把你喜欢的句子多读几遍,再读给同桌听。

3.指名读喜欢的句子,相机指导朗读,感悟积累。

(1)"春天像个害羞的小姑娘,遮遮掩掩,躲躲藏藏。"

读读演演:遮遮掩掩、躲躲藏藏。读懂这一句,理解"害羞"。

(2)4~7 自然段。

A.指名读句子,相机出示填空题:

( ),那是春天的眉毛吧? ( ),那是春天的眼睛吧? ( ),那是春天的音符吧? ( ),那是春天的琴声吧?

B.师:小草从地下探出头来,那是春天的眉毛吗? 早开的野花一朵两朵,那是不是春天的眼睛呢? 再读四个句子,有什么疑问,在小组里提出来,讨论讨论。(感受语言的准确,想象的丰富。)

引导学生进行问答式的口语训练:

例:问:小草从地下探出头来,那是春天的眉毛吧?

答:小草从地下探出头来,那是春天的眉毛。

小草从地下探出头来,多像春天的眉毛啊!

C.多种形式的朗读,积累背诵。

引读、表演读等。

(3)第8自然段。

我们继续去找春天,她还会在哪里呢?

朗读第3句。"她在柳枝上荡秋千,在风筝尾巴上摇啊摇;她在喜鹊、杜鹃嘴里叫,在桃花、杏花枝头笑……"

由这几句话,老师想到一些古诗:

杨柳绿千里,春风暖万家。

黄莺鸣翠柳,紫燕剪春风。

春风一拂千山绿,南燕双归万户春。

儿童散学归来早,忙趁东风放纸鸢。

你们也能像老师一样说几句春天的诗出来吗?

感受了诗情画意,再来读读第8自然段,读出自己的感受。

四、自主积累,练习背诵

多媒体画面演示春天五彩斑斓、百鸟争鸣的美景,伴随优美的轻音乐,学生自由根据画面背诵有关段落。

五、走进校园,寻找春天

春天来了,让我们到校园里去看一看,听一听,闻一闻,触摸春天的脚步吧。

鼓励学生根据自己的特长喜好,用不同的形式展示自己在春天里的发现。

实践应用

教学组织形式主要研究教师是如何把学生组织起来进行教学活动、如何分配教学时间、如何利用教学空间等问题的。研究教学组织形式，直接关系到能否很好地发挥教学组织形式的功能，从而顺利地完成教学目的和任务。

请将这位语文老师采用的教学方法填写在下列表格中：

1.
2.
3.
4.
5.

理论讲堂

目前的教学组织形式归纳起来主要有以下三种：个别教学、班级授课制、分组教学制。

个别教学形式，由一个教师对一、两个或几个学生进行教学，不定修业年限和教学时间，不分年级、学科、年龄和文化程度。其最显著的优点在于教师能根据学生的特点因材施教，使教学内容、进度适合于每一个学生的接受能力。但其劣势在于一个教师所能教的学生数量是很有限的。

班级授课制是一种集体教学形式，相对于个别教学而言，具有量大、经济、快速、高效、规范、程序等优点，有利于扩大教育规模和普及教育，有利于培养学生的群体意识和个体社会化。另一方面,班级教学自诞生之日起,其缺陷也颇为明显:重视知识传授,相对忽视能力培养;重视全面发展,忽视个性特长;重视集体讲授,相对忽视因材施教;重视教师主导作用,相对忽视学生主体地位;重视校内教育,相对忽视社会教育等。

　　分组教学就是按学生的能力或学习成绩把他们分为水平不同的组进行教学。分组教学类型主要有能力分组和作业分组。能力分组,是根据学生的能力发展水平来分组教学的,各组课程相同,学习年限则各不相同。作业分组,是根据学生的特点和意愿来分组教学的,各组学习年限相同,课程则各不相同。

　　目前分组教学又可分为内部分组和外部分组。内部分组是在传统的按年龄编班前提下,根据学生能力或学习成绩发展变化情况分组教学。外部分组是打破传统的年龄编组,按学生的能力或学习成绩的差别分组教学。

　　分组教学的优点在于它比班级上课更切合学生个人的水平和特点,便于因材施教,有利于人才的培养。但它仍存在一些较严重的问题,一是很难科学地鉴别学生的能力和水平;二是在对待分组教学上,学生、家长、教师的意愿常常与学校的要求相矛盾;三是分组后造成的副作用很大,往往使学业成绩较好的学生容易产生骄傲情绪,使学业成绩差的学生学习积极性普遍降低。

　　其他的教学组织形式还有道尔顿制、特朗普制、小队教学、问题学习、师生教学合同制、动态层次班级教学等,这些都是在以上提到的三种教学组织形式的基础上取长补短产生的变异形式。

第2节
复式教学组织形式的管理

　　现在,你已经了解了教学组织形式的相关知识,那你能说出复式教学组织形式都有哪些吗?

请将你的观点写在下面的空白处：

你在复式教学实践中都采取了哪些教学组织形式？效果如何？

请将你的做法写在下面的空白处：

完成下列活动后，想必会使你对复式教学组织形式有一个新的认识。

活动 6.2　编教案

可以在中心校的教研活动中，将教师分为两组，第一组合作设计一节复式语文课，第二组合作设计一节复式数学课。然后，展示两组的教案，大家一起讨论，说出两个教案所采用的教学组织形式，指出优缺点并提出改进措施。

实践应用

在复式教学组织形式中，最常见的就是"动静搭配"，事实上，这种形式就是将一节传统的班级授课分裂为两个或三个较小的班级授课，其效率低下，不言自明。但是，当教师将不同级别的学生视作不同的组，并将不同组的教学内容统一在同一话题的小组活动下，班级授课课堂就变成了分组授课课堂，也就是我们项目所倡导的"同动同静"模式的教学(详见单元 2 的内容)。

现行教材是以单式班为基础编写的，要将不同组的教学内容统一在同一话题的小组活动下，看似不可能，但仔细研究教材，便会发现，学生的学习内容是以话题为基础，螺旋上升。比如说，北京师范大学出版社义务教育课程标准实验教科书数学一年级下册和二年级下册，所涉及的教学内容都包括测量、加减法、图形、统计。其中，统计内容都安排在最后一章，活动内容也有相似与连贯之处，如一年级学生的家庭作业是：(1)去问一些同学最喜欢什么活动；(2)调查你们组同学最喜欢的电视节目。二年级学生的学习任务便是：读统计表《二(1)班同学最喜欢的电视节目统计图》和《二(2)班同学最喜欢的体育项目统计图》。如此看来，只要细心研究教材，完全可以为不同年级的学生寻找到学习的统一话题，只是对不同年级(不同组)有不同的要求罢了。

采用分组教学组织形式("同动同静"模式的教学)，并不是要完全排斥班级授课，而是要根据教学内容、学生学习的知识类型、教学环境及条件、学生学习水平等选择合适的教学组织形式，确定教学方法，设计教学过程。

其他的教学辅助组织形式有作业、参观、讲座、辅导等，这些辅助的教学组织形式，可以巩固、加深和补充课堂教学的知识，弥补课上在照顾学生个别差异、进行因材施教之不足。它们不需要通过课堂形式而往往在课外进行，每次活动不严格限定为四十五分钟，时间可长可短，对学生的要求因人而异、因材施教，不一定要面向全班，可以采取小组活动或个人作业形式进行。教师完全可以充分利用这些教学的辅助组织形式为课堂教学服务。

理论讲堂

个别教学、班级授课和分组教学是在教学组织形式发展的过程中逐步产生的，但它们之间的关系不是互相排斥、互相否定，而是互相补充、互相发展的。它们各有利弊，所以，在实际教学中，并不能单纯地选择某一种教学组织形式进行教学，而是要把它们巧妙地结合起来，以达到最好的教学效果。

将班级授课和分组教学相结合。采用班级授课时，教师可以将知识高速、规范地向学生传递，但是，在这种教学中，教师和学生的关系是死板僵硬的权威与服从关系，学生在学习过程中处于被教师领导的被动角色，其学习主动性非常弱。但在分组教学中，教师和学生的关系是较灵活的配合与协调的关系，学生在学习过程中处于自我调整的主动角色，其学习主动性明显加强。同时，分组教学能够充分开发课堂中的人际交往资源，学生在不断与同伴切磋、商议、合作的互动过程中学习，不仅最终学会知识，而且会领会到如何去学知识并享受探索知识的乐趣。班级授课和分组教学两者在结构和功能上互补，将两者结合，既能把知识高速、规范地传递给学生，又能发挥学生的积极性和主动性。

不放弃个别教学。但凡是教师都知道，由于各种原因，学生在认知发展、兴趣、爱好、需要、性格、自我适应能力等各个方面都表现出极大的差异，因此，教师必须要注意，在开展班级教学和分组教学的同时，还要与个别教授相结合，允许学生以自己的速度学习，允许学生自身的差异，做到因材施教。但是，这里要特别说明一点，那就是个别教授是否能在教学中运用、是否能起到作用，教师是最关键的因素。因而，要做到并做好这一点，首先需要教师愿意为学生付出，更需要教师不断地提升自己各方面的素养，不断补充各种教育理论和实践知识，这样，才能真正发挥个别教授的功用。

如前文所述，在复式教学中，教师可以将不同年级视为不同的班级，采用"动静结合"模式上课，也可以突破固有的班级或年级概念，将不同年级视为不同的组别，采用"同动同静"的模式上课。其实，这样一来，教师根据教学实际情况进行灵活处理的方式本身就是将班级授课与分组教学结合起来了。从这方面来说，这又是复式教学的优势之一。

分组教学既可以避免班级授课死板、僵硬、不能充分调动学生学习的积极性和主动性等弱点，又能弥补个别授课效率过低的弊端，因而，近几十年来，国内外对分组教学进行了广泛研究，产生了许多有效的教学方式。运用这些教学方式,可使学生在不同学习小组中就教师所设计的问题展开活动,进行互帮互学,形成独具特色的合作学习的课堂氛围。对于复式教师来说,这些分组教学形式同样具有很好的借鉴意义。

表6-1　分组教学的形式和内容

分组形式	内　容
圆桌式	给出题目和问题进行讨论,全班都作出对这个问题的反映,然后大家一起共享答案。
基本组	把学生分成基本组别,每一次课都给他们一定的时间,让他们共享信息,提问,探讨所关心的问题。通常把这种组作为常设的组别。
合作争议式	提出有争议的问题,学生准备论点(或者赞成或者反对),然后进行争议。争议时,一方提出自己的论点,另一方倾听、记笔记、不许插话,然后双方交换,由另一方发言。最后让学生列出他们所学到的东西。
个人贡献式	学生们先各自准备材料,然后交流介绍给小组的其他成员。
列单式	先备好一系列的题目,然后划分小组,把不同题目分给不同的组,每个小组形成对其问题的观点,小组成员一起分享知识,每个小组尽量能产生一个共同的答案。
探索式	给各组一些词汇、短语和图片,让他们依据这些作出反应。
制订目标式	把目标式题目写到黑板上,然后让学生写出对这些题目他们已知哪些知识,想要学习和准备学习哪些知识。
两个练习组	用于形成技能的过程,学生互相帮助,两人一组,一人来解释、演示、发表见解,另一人检查、纠正、鼓励第一个人,必要时可对其进行辅导。在规定时间的中间时刻,两个人互换角色。
同伴修改	通过2人组或3人组,对每个人的作业提出批评意见,学生们可以在交作业的前一次课上来修改他们的作业草稿。
共同完成式	学生们一起工作,对问题或阅读材料作答,概括听课的要点,检查作业。

总　结

我们在学习和运用分组学习的方法时,一定要结合学生的特点,从圆桌式、基本组等形式开始进行所谓的"分组教学"。我们知道,目前大多数复式教学班基本上都以一至三年级为主,由于学生年龄小,课堂规则不熟悉等原因,以年级为小组的"分组教学"必须从建立小组教学的规则入手,如在小组内,每一个人都应该有任务,懂得倾听其他同学的发言,学会小声交谈,如何代表本组发言等等。从点滴教给学生,让他们从开始就养成一个好的学习习惯。所以,在"同动同静"模式的教学中,如何组织好"分组教学"就显得格外重要了。

各位老师,到此本章已接近尾声,相信你在这些活动当中,对教学组织形式已经有所了解,但是,要灵活自如地运用这些形式,需要你在以后的工作中,不断地学习、研究和创新。相信你一定可以做到!

单元 7　复式教学中儿童的学习需求

在学校课堂教育上,要从以教师为主导的教学,转变为以学生为主的因材施教。但在考虑如何因材施教时,都是集中在性别、兴趣等方面的个别差异问题上。而事实上,除了这些方面的个别差异之外,儿童的智力、学习风格、读书习惯与生活适应等方面,也有很大的差异。

学习目标

本单元学习完后,你将能够:

- 说出多元智力与学习风格对儿童学习的价值
- 罗列出儿童不同的学习风格
- 分别找出满足复式班学生多元智力和学习风格的策略

学习内容

本单元将包括以下内容:

第 1 节　多元智力与学习风格对儿童学习的价值

第 2 节　儿童学习风格的个别差异

第 3 节　满足儿童的学习需求

学习时间

本单元的学习需要三个学时

你需要的材料

这部分的学习,你需要准备以下材料:

- 笔记本
- 多元智力检核表
- 学习风格测量表

第1节
多元智力与学习风格对儿童学习的价值

请老师们看下面几个小故事:

就学生的学习能力与学习速度而言,他们当中有些人是"飞机",有些人是"燕子",有些人是"蚯蚓",我们要让飞机按照飞机的速度飞,让燕子按燕子的速度飞,让蚯蚓按蚯蚓的速度爬。但现实的情况却是,我们让飞机每小时飞行一公里,让蚯蚓每小时爬两百公里,这种不顾学生个体差异的做法是极其荒谬的。

> 问题不在于一个人有多聪明,而是怎样聪明,在哪个方面聪明。
> ——〔美〕Gardner

——〔日〕小原国芳

"动物学校"的故事。该故事的大意是:"动物们决定建立一所能够让学生们学习爬走、飞行、跑步、游泳与挖洞等技巧的学校。因为在哪一门课最为重要这一问题上,大家意见不统一,所以就决定让所有的学生修习同样的课程。兔子擅长跑步,但是在一次游泳课上差一点淹死,此后,它吓得连跑步都不行了。鹰理所当然是飞行高手,但当它出现在挖洞课上时,它竟然显得如此欠缺,因而在修补洞穴时花去了大量的时间,然后连该怎么飞翔都忘了。诸如此类的事情,也发生在其他动物们身上。"

> 加德纳多元智力理论(Gardner,1983):他强调人的智力是多维取向的,至少应包括以下七种不同的智力:语言智力、数理智力、空间智力、音乐智力、体能智力、人际交往智力、内省智力。

——〔美〕托马斯·阿姆斯特朗

在脑力劳动领域,教师必须区别看待不同的学生。让所有刚刚入学的7岁儿童都完成同一体力劳动,例如去提水,一个孩子提了5桶就精疲力竭了,而另一个孩子却能提20桶。如果你强迫一个虚弱的孩子一定要提够20桶,那么这就会损害他的力气,他到明天就什么也干不成了,说不定还会躺到医院里去。

——〔苏联〕苏霍姆林斯基《给教师的一百条建议》

就像每个学生都有不同的个性特点一样，他们也都有各自不同的学习方式。

想一想你是怎样记住人名的？是否把名字写在纸上更容易记住？如果是这样，那么你可能是一个视觉学习者。当你听到一个名字时更容易记住，那么你可能是一个听觉学习者。事实上，我们所有人都是通过多种方式来学习的。有些学习困难的儿童采用某种方式学习时可能会产生更大的困难，而采用另外一种方式时则没有任何困难。某些人长于某种方式学习，而拙于用其他方式学习(Hodgin，Wooliscroft，1997；Mccarthy，1997)。

一些儿童的计算能力很强，但写不出一篇好文章；一些儿童喜欢用手中的笔或图画表达感情，却拙于语言；还有一些儿童，当他们进入一个全是陌生人的房间时，他能很快地推断出这些陌生人之间的关系和感情，而有些儿童则很困难。显然，在学习特定类型的知识和技能时，儿童的能力倾向也各不相同。

学生对不同的学习环境或学习条件的偏好也有千差万别。这些差异或选择偏好在一定程度上能预测出何种学习环境对儿童最适宜。

处于不同文化、时代背景的老师，甚至不同年龄、学科和性别的老师，对学生的智力和学习风格有着不同的看法。你是怎样看待儿童不同的行为表现的？对儿童的学习有哪些价值？

请将你的看法写在下面的空白处：

当前学校教育中，在面对儿童个别差异时哪些方面做得较好？哪些方面还有待改善？

请将你的看法写在下面的空白处：

在了解本节内容之前,请你回想一下你评价学生的标准,你认为具有哪些特质和表现的学生才是智力比较发达的学生呢?

请将你的看法写在下面的空白处：

活动7.1 测一测多元智能

请你组织学生用表7-1《多元智能核查表》测一测学生自己的多元智能情况。

表7-1 多元智能核查表

请根据自己的实际情况回答下面各组问题，就符合的程度在后边相应的选项方框内画"√"	非常符合	说不准	不符合
A1.聊天时,你常常提及读过或者听过的东西。			
A2.你讲的故事或笑话常常能吸引别人,并且善于说服别人。			
A3.喜欢语文或英语,觉得学起来很轻松。			
A4.你回答问题时能做到条理清楚,语句通顺流畅。			
A5.你喜欢阅读,包括书籍、杂志、报纸等。			
A6.喜欢写作,常写日记,作文有时会被当做范文而受到表扬。			

续表 7-1

请根据自己的实际情况回答下面各组问题，就符合的程度在后边相应的选项方框内画"√"	非常符合	说不准	不符合
B1.对数学和计算机感兴趣,喜欢跟数字打交道。			
B2.喜欢问为什么,凡事都想究根问底,想要搞清事物工作的原理或机制。			
B3.喜欢看侦探小说或悬念电影,喜欢猜谜语和推理性的游戏。			
B4.解答应用题时,喜欢分析条件和问题之间的数量关系。			
B5.喜欢做实验,想通过自己所看到的东西验证所想或所学的东西。			
B6.喜欢下象棋或跳棋、军棋、围棋等战略性游戏。			
C1.喜欢用图示来说明问题,或向别人介绍一种事物时常常比比画画。			
C2.阅读地图、表格、图表比文章容易。			
C3.喜欢幻想,脑海里常常想象自己喜欢的事物。			
C4.喜欢美术课,喜欢欣赏艺术品、绘画和雕刻,对色彩敏感。			
C5.从小就喜欢拆分玩具或文具,然后重新组合。			
C6.喜欢玩走迷宫的游戏。			
D1.喜欢体育运动,如跑步、游泳、跳绳、打篮球、羽毛球等健身活动。			
D2.看到一件新奇的事物景象用手触摸它或操作一下才能理解它。			
D3.善于用手势和肢体语言表达自我,善于模仿或表演。			
D4.喜欢体育或劳技课以及实验课,喜欢自己动手操作。			
D5.在一个地方坐久了,会表现出好动、敲打、烦躁等现象。			
D6.动作娴熟(如收拾文具、做家务等),有较好的活动协调能力。			
E1.对流行歌曲很敏感,通常听了几遍后就能够记住。			
E2.唱歌不会走调,并且会跟着音乐打拍子。			
E3.常常哼歌曲或听音乐,生活中喜欢有背景音乐。			
E4.音乐是你生活的重要部分,音乐很容易引发你的情绪和想象。			
E5.在几种备选乐器中,能够辨别是何种乐器的声音。			
E6.对周围环境中的噪音有敏感性(如雨打击屋顶的声音)。			
F1.喜欢旅游,较多地谈论喜爱的动植物和自然风光。			
F2.喜欢去动物园、植物园、水族馆和自然博物馆等参观。			

续表 7-1

请根据自己的实际情况回答下面各组问题，就符合的程度在后边相应的选项方框内画"√"	非常符合	说不准	不符合
F3.喜欢观察，能注意到同学、家长或教师的细微变化。			
F4.喜欢与自然有关的活动，如观察鸟、蝴蝶或收集昆虫，研究树木和动物。			
F5.喜欢生物课，能较好地完成与生物有关的作业。			
F6.喜欢与动植物、天文地质等自然景象有关的电视节目、录影带、书等。			
G1.喜欢加入小组或者委员会，与他人一起工作。			
G2.喜欢当班干部，常常带头示范。			
G3.喜欢有别人参与的游戏，更喜欢团队运动项目，如篮球或足球。			
G4.喜欢集体生活，不喜欢单独在家里看电视。			
G5.遇到难题，喜欢和别人讨论，而不愿单独想办法。			
G6.乐于助人，有不少好朋友。			
H1.喜欢写日记，记录个人的心思。			
H2.不知道自己的努力方向，不了解自己的长处和短处，常常觉得无所适从。			
H3.更喜欢一个人独立地工作，独立学习和娱乐时做得更好。			
H4.独立性强或有主张，遇事喜欢自己拿主意。			
H5.不喜欢说太多自己的兴趣和爱好，不想和他人共享。			
H6.采用与他人不同的学习和生活方式。			

实践应用

请你把表 7-1《多元智能核查表》复印出来，组织你的学生填写。

各题项"非常符合"、"说不准"和"不符合"分别计 3、2、1 分，每个题组代表一项智能，由 A 到 H 分别为语言智能、数理智能、空间智能、运动智能、音乐智能、观察智能、人际智能和内省智能，每个题组分别有 6 个题项，最高分为 18 分。最低分为 0 分。将各题组的 6 个题项取均分即为该项智能的得分。分数越高，说明孩子的该项智能越突出。(注：本核查表改编自〔美〕Linda Heacox 著作《差异教学——帮助每个学生获得成功》，由杨希洁译，中国轻工业出版社出版。)

记录每个孩子的多元智能，为你在以后的教学过程中有意识地帮助他们成长提供参考，同时也把每个孩子多元智能的得分情况告知家长，让他们配合你一起发展孩子的多元智能。

理论讲堂

你是不是认为朗诵好、能很好地拼写生字和理解课文的学生是聪明的学生呢？你是不是认为反应快、能很好地理解各种数学知识点的学生是聪明的学生呢？你还认为什么样的学生是聪明的学生呢？

受传统评价体系的影响，很多老师侧重于表扬和肯定儿童的言语能力和数理逻辑这两种智力。是不是这两种智力就代表了所有智力呢？回答是否定的。美国心理学家加德纳提出的多元智力理论认为，儿童具有多种智力结构，并且儿童在智力结构上存在着个体差异。该理论对于学校教学有一个很重要的建议：

教学活动的开展面向儿童的多元智力，涉及多种不同学习方式的联合应用。在这里，每个学生都有机会运用自己的优势智力进行学习，都有机会表现和运用智力优势，都有机会取得学习上的成功。

为了让你更全面准确地了解孩子的多元智力，我们给你提供了另一份反映多元智力的参考材料，有助于你了解多元智力。

语言能力：喜欢戏剧、诗歌、读书、听收音机和谈话；从书籍、录音带、演讲和听别人谈话中学到很多东西；使用丰富的词汇进行流利的、富有表情的谈话；善于解释事情；喜欢把事情写下来。

数理逻辑：喜欢数学和自然科学；喜欢逻辑解释；喜欢猜谜语和解决问题；喜欢在事物之间寻找模式和关系；以逻辑、一步一步的方式完成任务和解决问题。

空间能力：可以很容易地使用图表和地图；良好的方向感；观察别人不注意的事情；可以在心中清楚地"观察"事物；用电影、幻灯和录像带帮助学习。

乐感:喜欢自然界的声音;对音乐感兴趣;喜欢听或演奏音乐;有良好的节奏感或旋律感;很容易学习和记住歌词。

人际交往的能力:喜欢团体工作、与他人进行讨论和合作;能够帮助别人解决困难;对别人的态度和反应非常敏感;对别人的思想和感受感兴趣;参加俱乐部和社区活动。

反省的能力:对自己做事是否得当进行沉思,能从过去的经验中得到结论;喜欢做白日梦、想象和幻想;喜欢独立做事情;喜欢静静地工作和思考;能够了解自己的感受、思想和做事的原因。

动手能力:喜欢摆弄和触摸所学的东西;喜欢动手处理问题、直接参与、动手来做;摆弄东西很熟练;喜欢运动、游戏;与所看、所听的事相比,对于自己所做的事记忆更清晰。

第 2 节
儿童学习风格的个别差异

通过问卷量表的形式了解儿童的学习风格,这样你可以比较清楚地掌握儿童的学习风格,也可以帮助教师为学生创设适合他们学习风格的教学方式,进一步了解他们的学习需求,诊断其学习上的困难,以便于有针对性地制定个别化的教学策略。

之所以研究学生的学习风格,目的有二:一是了解学生在学习活动中,除智力、性别等个别差异外,在学习习惯上有些什么不同的特征;二是了解学生不同的读书环境与其外在环境和内在身心需求有什么

> 学习风格:学习风格是学习者持续一贯的带有个性特征的学习方式,是学习策略和学习倾向的总和(谭顶良)。

关系。图 7-1 将学习类型分为四大类。这四类也可视为构成不同学习类型的四类因素。但这里所指的因素并非指外在影响,而是内在需求,也就是学生在这四方面的需求。

图7-1 学习风格示意图

（张春兴根据 Dunn&Dunn, 1978 绘制）

下面这个活动给学生提供了一个机会。

活动 7.2 测一测学习风格

了解儿童的学习风格会对儿童的学习大有帮助,它也会解释为什么有些东西对儿童来说似乎没有任何意义。因此,作为一位复式教师,你有必要通过一些方式了解学生的学习风格。这对于因人制宜地为学生创设宽松、愉快的学习氛围是大有裨益的。你可以通过问卷调查的方式或者通过与学生谈话及观察的方式来达到这一目的。

实践应用

下面将为你介绍一种通过问卷调查了解学生学习风格的方法，你可以在教学实践中参考应用。

下面的问卷包含了一组可以用来帮助学生了解自己学习风格的问题。你可以亲自组织或者委托家长组织学生(如果学生认知水平足够,也可以让学生自己组织)回答这些问题,然后经过分析得到学生学习风格的类型。在组织测试的过程中,你首先要向学生交代这次活动的目的、意义,打消他们的顾虑,希望他们能认真地参与,诚实地回答。此外,你还要告诉被测者在回答每个问题时,选择第一个出现在脑海中的答案,并且在任何一个问题上都不要花太多时间思考。如果你认为被测者不能很好地理解题目的意思,那么你需要对问题进行再加工,用比较通俗易懂的方式呈现给被测者。

通过问卷量表调查的目的在于发现学生的需要所在,并根据问卷表取得的资料解释学生发生的一些行为并采取策略。但在运用问卷进行调查时,调查结果所具有的可信度和应用度是有限的,避免过分信赖调查的结果,而影响教师对学生的真正了解。所以,要求儿童在填写问卷时不写姓名,以期获得较为真实的信息。

参考问卷如下所示:

1.你愿意采用哪种方式来了解计算机是如何工作的?

　　a.看一部这方面的电影

　　b.听人对它的解释

　　c.把计算机拆开并试图自己发现规律

2.为了寻找乐趣,你喜欢阅读什么样的书?

　　a.带有很多图片的旅游用书

　　b.有很多对话的神秘的书

　　c.你能回答问题和解谜的书

3.当你不能确定如何去拼写一个单词时,你有可能做什么?

    a.把它写出来,看它是否是对的

    b.把它读出来,

    c.把它写出来感觉一下是否对

4.你参加了一个宴会,第二天你最有可能回忆起什么?

    a.参加宴会人的脸,而不是名字

    b.参加宴会人的名字而不是面孔

    c.在宴会上你所做的事和说的话

5.为了准备考试,你会如何学习?

    a.读笔记,读书的标题,看图示和图解

    b.让人问你问题,或者默默地对自己复述一些事实

    c.在索引卡片上记录并设计模型和图示

6.当你看到一个单词"dog"(狗),你首先做什么?

    a.想到一个特定的狗的图片

    b.默默对自己说"dog"这个单词

    c.出现一种牵着狗的感觉,抚摸它,遛狗等

7.当你想集中精力时,你觉得最让人分心的是

    a.视觉干扰

    b.噪音

    c.其他一些感觉

8.在电影院门口排长队时.你最有可能做什么事?

    a.看其他电影的广告宣传海报

    b.跟站在你边上的人聊天

    c.踩脚或用其他方式慢慢向前移动

9.你刚进了一家科学博物馆,你会首先做什么?

    a.四下张望,找一个显示不同展位的地图

    b.跟博物馆的向导询问,请教有关展览的事情

    c.先走进一个看着有趣的展位,以后再看说明

10.当你生气的时候,你最有可能做什么?

    a.沉着脸

b.喊叫或"大发雷霆"

c.踩着脚出去并甩门

11.当你高兴的时候,你最有可能做什么?

　　a.露齿而笑

　　b.高兴地喊叫

　　c.高兴地跳起来

12.你愿意参加什么?

　　a 艺术班

　　b.音乐班

　　c.体操班

13.当你听音乐时你会做什么?

　　a.白日梦(看到伴随音乐的图像)

　　b.哼起来

　　c.随音乐活动,踩脚等

14.你会怎样来讲一个故事?

　　a.写出来

　　b.大声讲出来

　　c.把它扮演出来

15.哪种餐馆你可能不愿进?

　　a.灯太亮的

　　b.音乐声太大的

　　c.椅子不舒服的

测试完成后,分析方法如下:

对于每一个被测者的测试结果单独进行统计,并依据统计结果进行分析。模式如下:

你选的 a、b、c 的总数

　　　　日期:　　　　班级:

 a   b   c

____个题选 a   ____个题选 b   ____个题选 c

如果选择大部分是 a

你可能是视觉学习类型。你通过观察学习。

如果你的选择大部分是 b

你可能是听觉学习类型。你通过听来学习。

如果你的选择大部分是 c

你可能是动觉学习类型。你通过触摸和行动来学习。

如你有几次在同一题目上选了两个以上的答案,那么你可能是一种混合型的学习类型。对不同的任务采用不同的学习类型并不奇怪,例如,为了准备德语考试,你会大声地复述你所学过的德语课文;为了数学测验,你会学习数学课本上的数学题;为了化学考试,你会重复一些你在课堂上做的化学实验。在上面的例子中,你用听觉学习类型学习语言,用视觉学习类型学习数学,用动觉学习类型学习化学,每一种方法都会帮助你掌握你需要的东西。

无论采用哪种方式收集信息,你都应该将结果公布于众,使学生对所做的事有所了解,便于下次与你配合。

理论讲堂

学习的时候,大部分人会在许多感觉器官中使用某一种器官。一些人学得最好的方法是听,叫做听觉学习者;一些人通过阅读或者图表会把知识掌握得更好,他们是视觉学习者;另外还有一些人则通过触摸或实践才能学得最好,他们被称为动觉学习者。至今,科学家和心理学家还无法了解为什么人们会更多地只使用一种器官,也许这样做更适合他们吧。

了解你的学习风格会对你的学习有所帮助,它也会解释为什么有些东西对你来说似乎没有任何意义。

视觉型儿童偏好阅读,喜欢通过看获取和加工信息;听觉型儿童偏好听讲,喜欢通过听获取和加工信息;动觉型儿童偏好从做中学,喜欢通过触摸或参与活动获取和加工信息。

尽管目前对学习风格的研究还众口不一,但以下观点却是普遍承认的:

学习类型具有独特性。"每个人都有一种学习类型。"(Dunn&Dunn,1988)"它就像签名那样有个性。"(Dunn&Dunn,1989)

"学习类型本身无好坏之分。"(Dunn&Dunn,1989)

"学习类型都可以以它自己的方式而成为最有效的。"

学习类型具有稳定性和一致性。它是一种习惯化的学习方式。

学习类型不能等同于认知类型,它比认知类型更宽泛,可以说学习类型包括认知类型。

第3节
满足儿童的学习需求

对于老师来说,有多少种智力类型并不重要,重要的是要树立起这样一种观念:在某个领域中的表现并不能说明在其他领域中也会有类似的表现。教师必须避免将儿童看做是聪明的或不聪明的,因为可以有多种方式来显示是否聪明。遗憾的是传统的学校教育只关注极少的一部分行为的表现,主要依据加德纳所说的言语智力和数学逻辑智力(仅仅是八种智力中的两种)将学生划分等级。如果学校想让所有学生都成为聪明的学生,就必须采用更为广泛的行为表现进行奖励,而不止是奖励非常有限的几种智力表现。

由于目前我国教育评价体系的局限性,多数考试要求都侧重于以语文为代表的语言识字能力以及以数学为代表的数理逻辑能力,在一定程度上忽视了儿童在空间、音乐、人际交往、自然观察等方面的智力发展,不能不说是一大缺憾。

为了使教师能够比较直接地了解学生的多元智力的实际状况并为培养学生不同的智力结构提供范例,我们设计了以下活动。你可以根据本校学生的实际情况参考

> 善于精细地观察学生智力的差异,弄清每个学生的天性的特殊倾向,人们通常认为这是优秀教师的标志之一。
> ——[古罗马]昆体良

应用。

活动 7.3　房屋

请以"房屋"为主题,组织学生写出活动内容,并以加德纳的多元智力理论为依据,培养并发展学生不同的智力结构。

实践应用

本活动需要教师调整以往的教学方式,全面地引导学生按照不同类型智力的开发要求分别完成各类任务,促进学生多元智力的开发与培养。

参考表 7-2 描述的围绕特定主题的整合学习模式,得出你认为最适合你校实际情况的新模式。

表 7-2　"房屋"的多元智力整合学习模式

多元智力	活动中心	活动内容
言语智力	阅读中心	阅读有关房屋的书籍,在阅读的基础上从事相关的作业
数理逻辑智力	计算中心	计算和比较不同房屋的费用、面积大小等
视觉空间智力	绘图中心	设计并绘制房屋图纸
肢体动觉智力	建筑中心	用轻质木材和胶水制作房屋模型
音乐智力	音乐中心	听有关房屋的歌曲,演唱自己创作的有关房屋的歌等
人际能力	交际中心	与同龄人一起模仿家庭环境,玩"过家家"游戏
内省能力	体验中心	用文字、图片和动作等表达对家的体验,或者对于房子的梦想
自然观察智力	园林建筑师中心	设计房子周围的自然景观,如草地、盆景、喷泉、鱼池等

(来源:Tomas Amstrong,2003,123)

以小组为单位,组织学生完成促进各类智力结构开发的活动任务。你可以按照上表中的顺序逐步引导学生完成任务。在活动中,你需要通过任务完成的情况观察每个学生哪种智力结构较为发达, 以及全班学生在哪一些智力结构上面开发得比较突出。这对于你在今后的教学实践中如何组织教学活动将会大有裨益。这些观察结果不仅能够为你设计适合学生的课堂过程提供参考,还可以为你进一步促进学生开发各种多元智力结构提供依据。

> ## 活动 7.4　小明的行为
>
> 　　以下是关于农村孩子小明的案例描述,请老师先从描述中了解"小明的行为",并从儿童学习风格的个体差异上进行分析与讨论。

案例:小明的行为

　　小明在学校里的名声路人皆知, 以至于老师们听到小明新学年会来自己的班级都会感到头疼。小明一刻也不会安静下来,不是在触摸其他学生,就是心不在焉地玩弄玩具或者其他不合适的物品。他从来没有安静地坐在座位上。他经常突然站起来削铅笔(尽管他似乎从来不需要铅笔写字),并且嘴里还发出滑稽的声音。他常常在嚼东西,不是黄豆就是糖果。如果老师把这些东西强制拿走了,那么取而代之的就是铅笔、衣服、袖子或鞋带。

实践应用

　　在活动过程中,你可以与同事一起讨论找出原因,及解决的具体方法,请积极按照以下步骤参与案例分析并完成表格的填写。

　　独立思考,分析小明为什么会产生这种行为,如果你是小明的老师,试着思考你会怎么处理这种行为。和其他老师、学生家长交换意见,听听他们的看法。

你班上有没有和小明类似的学生呢？如果有,你还需要在平时多留意这个学生的行为表现,可能的话你可以借用观察日记,帮助你更进一步地了解这个学生上述行为产生的原因。

请在笔记本上记录你在整个问题处理过程中的感受。比如:校长、老师、学生与你的看法是否一致？如果不一致,主要的分歧在什么地方？你所采取的处理办法根据是什么？有什么合理性？你预计这个儿童面对你的措施会有什么反应？在处理问题时你的心情是怎样的？此时,你需要与他人分享你的感受。可以是你的朋友,也可以是其他小组接受这门培训的老师。因为与他人交谈自己的体验,能集思广益,还可以进一步反思自己的行为。

最后,以小明或者你班上有类似行为的同学为蓝本,试着填写表 7-3。

表 7-3　行为处理意见表

日期：	学生姓名：
校长的处理意见：	
其他老师的处理意见：	
其他同学的看法：	
你的处理办法：	
产生此种行为的原因：	

参考以下理论分析,结合你和其他老师的意见,进一步思考小明这种行为出现的原因以及合适的解决方法。

理论讲堂

以多元智力理论为基础的课程活动方案,即围绕学生感兴趣的主题开展跨学科的教学,对于复式班儿童的教学更有积极意义。

其实,很少有课程能与所有类型的智力都有联系,但多元智力理论对课堂教学的一个关键性建议是:教师应该在每堂课中尽可能运用多种方式来呈现知识,这样才能使更多的学生有机会获得成功,才能更好地满足儿童的学习需求。

案例中的小明的行为表明,他可能患有注意缺损多功能障碍,对这类儿童存在的学习困难,我们可以采取符合这类儿童学习风格的方式(偏爱通过肢体—动觉来获取信息)来进行教学,具体措施包括:

把小明的座位挪到最少干扰其他学生注意的地方;

以小明的座位为中心,用胶带纸规定一个可以随意走动的范围,但超出界限的走动是不允许的;

允许小明做功课时保持他最喜欢的姿势(如单腿跪在椅子上并斜靠在桌旁,而不是要求他坐直);

允许小明在自己的课堂嚼口香糖,但事后必须把口香糖包起来,扔在指定的套有袋子的垃圾筐里;

允许小明在不干扰其他同学的前提下敲打铅笔(如在胳膊、衬衣、裤腿或其他柔软的地方上敲打);

鼓励小明运用简单的肢体动作来表达所学的知识内容;

允许他在做功课时戴耳机听舒缓的音乐;

送给他一个柔软的球抱着或用手挤压。

通过这些措施可以极大地减少导致小明分心的原因,因为他的基本学习风格得到了适当满足。

我们的教育历来注重听觉途径的信息传递以及逻辑思维能力的培养,这正好与一些学习困难儿童偏好视觉肢体动作途径的信息传递以及整体性思维特点相违背。因此,为了帮助学习困难的儿童摆脱学业不良问题,传统的教学方法必须得到调整。

发现和了解学生的学习风格优势,允许学生按照适合自己的学习风格来学习,这是学生取得学习成功的关键所在。

满足儿童的学习需求,了解儿童的智力和学习风格差异,视儿童为一个自己能认识、思考、发现、发明、幻想和表达世界的栩栩如生的孩子、一个是自我成长中主角的孩子、一个富有巨大潜能的孩子。教师如何才能做到这一点?最重要的莫过于承认"孩子其实有一百";其次,要以孩子的思维、儿童的立场来看待一切;另外,千万不要压制孩子,应让孩子充分表现其潜能。

尤其是在复式班的教学中,儿童在智力、学习风格与学习需求上有更大的差异,因此,了解如何满足复式班儿童的不同学习需求显得尤为珍贵。

瑞吉欧学前教育的倡导者马拉古齐(Loris Malaguzzi)在《孩子的一百种语言》一书中,有一首诗《其实有一百》充分表达了这一思想。他说:

孩子,是由一百组成的。

孩子有一百种语言,

一百只手,

一百个念头;

一百种思考方式、游戏方式及说话方式,

一百种聆听的方式、惊讶和爱慕的方式;

一百种欢乐,去歌唱去理解;

一百个世界,去探索和发现;

一百个世界,去发明;

一百个世界,去梦想。

孩子有一百种语言(一百一百再一百)

但被偷去九十九种。

学校与文明使他的身心分离,

他们告诉孩子:

不需用手思考,

不需用头脑行事，

只需听不许说，

不必带着快乐来理解，

爱和惊喜只属于复活节和圣诞节。

他们催促孩子去发现已存在的世界，

在孩子一百个世界中，他们偷去了九十九个，

他们告诉孩子：

游戏与工作，

现实与幻想，

科学与想象，

天空与大地，

理智与梦想，

这些事都是水火不容的。

总之，他们告诉孩子，

没有一百存在。

然而，孩子则说：

"不，其实真的有一百！"

总　结

首先，在这一单元里，我们学习了多元智力与学习风格对儿童学习的重要意义。具体体现在：要尊重儿童在智力水平和智力结构上的个体差异；现有的以言语智力和数理逻辑智力为评价儿童"聪明"与否的观念要作出调整；运用多元智力理论对儿童进行评价；发展儿童的智力优势，力争使每个儿童都有成功的可能。在课堂教学中，针对复式班儿童的学习特点，了解他们学习风格的差异，并知道他们都有怎样的感觉偏好，对学习的环境是否有特殊的要求等。因为按照适合儿童自己的智力和学习风格来学习，是他们取得学习成功的关键所在。

其次,我们通过问卷量表、教师观察等方式了解儿童的智力发展和学习风格,为进一步提高教学质量和儿童积极参与课堂打下基础。

最后,通过以"房屋"为主题的多元智力整合模式来培养和发展他们的多元智力,让每一个儿童都能发现自己的智力优势,喜欢上课,得到满足感;还通过参与讨论并分析案例"小明的行为"来制定策略,满足不同儿童的学习需求。

请完成下面的反思表,这也是对本单元学习的一个小结。

表 7-4　本单元反思

姓名:
描述你学习的主题:
写出四个"我学会了"的实事,说明你在完成的过程中学到的新东西。 (1)我学会了: (2)我学会了: (3)我学会了: (4)我学会了:
你对哪两件事情感到特别自豪? (1) (2)
如果你有机会改动本单元主题,你会改动哪些地方? 还有什么地方可以做得更好?
这个单元的主题最难的部分是什么? 最容易的地方是什么?
按 1—4 分评分(4 分为最高分),你会给自己打几分? 你为什么打这个分?

(来源:Dance Hacox,1997)

单元8 复式班学生 学习能力的培养

　　学生学习能力的培养是教学最核心的任务,它涉及教育的各个方面,贯穿于学生学习的全过程。培养学生的学习能力也是一个系统工程,需要广大教育工作者认识一些培养学生学习能力的途径和方法,促进学生的自主和自由发展。

学习目标

　　本单元学习完后,你将能够:

- 说出学生学习能力培养的五个途径
- 描述出培养学生自主学习能力的方法
- 说出复式课堂异级分组策略的意义并描述出培养学生合作学习能力的方法
- 描述出培养学生协助学习能力的方法

学习内容

　　本单元将包括以下内容:

第1节　学习能力培养概述
第2节　自学能力的培养
第3节　合作学习能力的培养
第4节　协助学习能力的培养

学习时间

　　本单元的学习需要五个学时

你需要的材料

　　这部分的学习,你需要准备以下材料:

- 笔记本

第1节
学习能力培养概述

学生学习能力的培养是教学最核心的任务,它涉及教育的各个方面,贯穿于学生学习的全过程。培养学生的学习能力也是一个系统工程,需要广大教育工作者认识一些培养学生学习能力的途径和方法, 促进学生的自主和自由发展。

培养学生学习能力是教师的一项重要工作。毋庸置疑,教师必定在具体的教学实践中有着多种多样的尝试来培养学生的学习能力。那么,作为复式教师的你,在教学实践中是怎样培养学生学习能力的呢?

请将你的做法写在下面的空白处:

通常认为,在普通教学中,教师主要通过以下五个途径培养学生的学习能力:各科教学、专题讲座或报告、班级建设、第二课堂、社会实践。

在上述五种途径中, 第二课堂是每一位教师在工作中都不可避免要参与的教学活动,亦是我们最为熟悉的一种教学活动。请联系自己最近参与的一次第二课堂活动,谈一谈这次活动在培养学生学习能力方面的意义。

下面的活动的主要内容是记录最近的一次第二课堂活动, 它可以帮助你反思班级第二课堂在学生学习能力培养方面的功能。

活动 8.1 第二课堂反思记录
请你根据近期的一次第二课堂活动填写表 8-1,反思本次活动设计的各环节在培养学生学习能力中发挥的作用。

表 8-1　第二课堂反思记录表

活动名称	
参与年级/班级	
参加学生人数	
活动内容	
活动意义	在扩充学生知识面方面：
	在丰富学生情感方面：
	在磨炼学生意志品质方面：

实践应用

参与本活动之前,你可以先独立思考,并与其他老师一起探讨第二课堂的意义以及实践的现状, 还可以依据本校实际情况思考一下改进第二课堂的策略。做完这些工作, 你可以联系你最近参与的一次第二课堂活动,填写表 8-1。作为建议,你可以定期反思你组织的第二课堂的实践情况,并尝试就表中的内容与其他老师交流。同时,你应当把这些记录作为资料保存下来,为不断改进第二课堂的开展提供参考。

理论讲堂

学生学习能力的培养是教学最核心的任务,它涉及教育的各个方面,贯穿于学生学习的全过程。培养学生的学习能力也是一个系统工程,需要广大教育工作者认识一些培养学生学习能力的途径和方法，促进学生的自主和自由发展。

在普通教学中,教师主要通过以下五个途径培养学生的学习能力：

各科教学。作为学校的中心工作,各科教学在学生知识的丰富和系统化中发挥着主导作用。我们知道,学生能力的形成,有赖于知识技能储备的不断完善，学习能力的形成也是学生在掌握各科知识技能的过程中逐步发展起来的。所以说,各科教学是培养学生学习能力的基本途径和主要渠道。

专题讲座或报告。专题讲座、报告的针对性强,选择学生较感兴趣或与日常生活联系紧密的内容对学生进行教育，能够弥补学生在课堂学习中知识视野的狭窄,拓宽学生的知识面,引导学生自由、独立地思考。

班级建设。班集体是学生学习的主要场所,是学生成长最直接、最重要的环境之一。良好的班风,对学生学习能力的形成和发展,起着积极的熏陶作用和促进作用。在班集体建设中,要教育学生树立勤奋好学、求思上进的良好学风,通过各种集体活动,培养学生良好的学习习惯和态度。

第二课堂。课外活动是学生自由发展、展现特长的多彩舞台,鼓励学生开展形式多样的各种活动,在必要时予以指导和帮助,有利于学生多种能力的提高。如各种读书会、演讲会、信息交流会等,对发展学生获取知识和运用知识的能力都大有好处;手工制作、操作竞赛、文体演练,对培养学生特长、促进学生的动手操作能力和身体素质都大有裨益。另外，组织第二课堂活动,本身也是对学生组织协调能力的锻炼。

社会实践。学校是个小社会,班级是个小小社会,学生在这片小天地中学习成长,缺乏与外界的沟通联系。组织学生参加各种有益的社会实践,让学生体验到复杂环境对自己提出的新挑战,并努力完善自身能力以适应各种挑战。

上面所介绍的五种培养学生学习能力的主要途径，对于我们复式教师来说,当然同样适用。可是,面对复式教学特殊而复杂的教学环境,光有上面这五点似乎还是不够的。由于各科教学是培养学生学习能力最基本最重要的途径,而复式教学的主要特点也集中表现在课堂之中,所以在接下来的三节里,我们仅从课堂教学出发,谈一谈在复式课堂情境下,如何培养学生的自主学习、合作学习及协助学习的能力。

第 2 节
自学能力的培养

　　传统的复式课堂教学区别于普通课堂教学，教学中"静"的环节较多。这些"静"的教学过程，既为培养学生的自学能力提供了空间，也对学生自学能力的发展提出了更高的要求——复式教学班中的学生更应该具备较高水平的自学能力。那么，在运用传统的"动静交替"模式进行教学时，你通常都是怎样安排处在"静"的教学环节中的学生进行自学呢？

> 　　自学，即自主学习，是指学生在教师的指导下，通过创造性的学习活动，实现自主性发展和创造性思维的目的。

　　请将你的做法写在下面的空白处：

　　在你所列举的诸多教学手段中，课堂作业是其中最重要的组织学生进行自学的手段。处在"静"的状态中的学生，一方面会受到教学环境中诸多其他因素的干扰；另一方面，由于学生的年龄小，学习经验少，再加上自律能力不高，很容易在课堂上"开小差"。课堂作业不仅可以帮助学生在干扰环境中完成该环节的学习任务，达成学习目标，同时，也可以起到监督、促进的作用。别看只是一个几分钟、十几分钟的作业而已，它在复式课堂中发挥的作用可是不能小觑的。

　　以上是就"动静交替"传统模式下的课堂教学而言的，我们这本书着重向大家介绍的,是"同动同静"的复式课堂教学组织模式。在这种新模式下,该如何培养学生的学习能力呢?

语文教学中的诵读、默读、抄写、造句、作文等,数学教学中的计算练习,以及一些小组讨论、预习、复习和资料查找等,都是教师们常用的课堂作业形式。可问题是,这些课堂作业究竟是否有助于学生自学能力的提高呢?

学生自学能力的培养是复式教学中非常重要的方面。如何检查学生自学能力是否得到了提高呢? 一个可行的方法是通过一定的检测方式来观察学生自学目标的达成。为了给各位复式教师在检测学生自学目标达成的实践中提供一些有意义的参考,本节活动的主要内容选择了关于"测试学生自学目标达成与否"的讨论。

活动 8.2　自学目标达成检测

请你分别总结出三种语文、数学课上常用的学生自学目标检测手段。

实践应用

首先,请你联系教学实践,独立地思考如何检测学生自学目标是否达成的方法。其次,和其他老师一起探讨这个问题,并相互交流你们的观点。再次,请参考以下一些方法,并与你们讨论的结果进行比较,综合得出你认为最有效的检测学生自学目标是否达成的方法。以下为笔者的一些观点,你可以参考。

"默读课文,如果给学生提出两三个问题,让他们带着问题去阅读,边思考边阅读,那么本次阅读任务完成的质量就可以通过学生对所提问题的回答来作出评价了。再比如低年级学生的抄写作业,如果在完成后,进行一次听写,或组词造句的小比赛,教师也就有了对本次自学效果的评价了。教师掌握了学生自学效果的反馈信息,有利于及时调整、改进课堂作业的设计,帮助教师对静态环节中学生的自学行为实施监督和管理,更重要的是,教师通过对学生是否达成学习目标的考查,促成学生完成每次的学习任务,继而达到发展自学能力的目的。

理论讲堂

教师在设计课堂作业时,应关注的几个指标:

思考性。思考性是指在设计课堂作业时,不仅要考虑到学生现有的知识结构和技能水平,力图使所设计的自学任务符合学生的最近发展区,还要注意所设计的任务,不应该只是简单的抄写、阅读或演算,还应该是对学生归纳、演绎、判断、分析等思维能力和创造能力的一次训练,即学生完成课堂作业的过程是一个"学必思",在"思中学"的过程。

趣味性。学生具有自己年龄阶段的身心特点,他们注意力集中时间短,好奇心强,自制力弱,所以教师在设计课堂作业任务时,就应该充分考虑到学生的这些特点,帮助他们克服困难,养成自学习惯。

可测性。我们知道,自学能力的养成绝非一朝一夕之功,学生自学能力的提高是在日积月累的学习经验中慢慢积累起来的。我们设计一个学习任务,可是这次任务学生到底完成了没有,又完成得如何,就需要我们在数量上和质量上建立一个可测的依据——学生是否达成了本次自学的目标。

> 最近发展区指某一学习情境中所涉及的知识和技能,学生还未能全部掌握,但在教师的帮助下,或在和同伴的活动中,能够最终予以解决。

第3节
合作学习能力的培养

复式课堂"同动同静"模式下,教师对各小组学习活动的指导和帮助往往具有间接性和滞后性特点。为此,学生之间合作学习的重要性就被凸显出来。

既然合作学习是生生间的共同活动,为了使学习活动能够有序、有效地展开,就必然要说到学习的分组问题。谈一谈你在学生的合作学习中,是怎样采取分组策略的?

请将你的做法写在下面的空白处:

复式教学中的小组合作学习,多采用同科或同级内分组,这样学生间的互助学习与普通课堂教学中的互助学习差别不大, 在一定程度上起到了发展学生学习能力的作用。在这里,我们向大家推荐复式课堂中的异科或异级分组合作学习。

活动 8.3 合作学习能力培养计划

结合你在学习了本节后的思考所得出的关于分组策略选择和合作学习能力培养的合理结论,制订自己的复式班教学学生合作学习能力培养计划,并有意将其运用于教学实践中,提高你的教学效率。

实践应用

作为一位基层复式教师, 你可以在平时的教学反思中加入对以上两个主题的思考,联系你的教学实际,认真地思考"分组策略的选择"以及"合作学习能力的培养"这两个复式课堂有效运行中所涉及的重要问题,做好反思笔记，并将其运用于改进你的课堂教学。如果你有机会参与学校举办的关于这两个主题的讨论，可以和其他老师热烈地讨论如何有效地采取分组策略和培养学生的合作学习能力，结合自己的经验表述你的观点，也听一听其他老师的理解，共同学习，共同提高。

请你根据你的思考或者参加相关讨论的收获，写出一些学生合作学习能力的类型以及如何有效培养这些学生合作学习能力的策略，最好列举出一些本节内容没讨论到的合作学习能力及相关培养策略。

理论讲堂

异科分组的优势显而易见，能够降低不同授课组之间的相互干扰，有利于学生在课堂上集中注意力。而异级分组除上述优势之外，主要是针对复式教学课堂组织中的种种不利因素的改善与优化。与同级分组学习相比，异级学生间的合作学习具有其自身的独特之处：成员间的异质性特点更加突出。合作学习本来就是一种多元性学习，合作组中的各成员在性格、能力和知识结构等方面存在着差异，也正是这样，才有利于彼此间的相互学习、共同发展，教育学生学会接纳他人和帮助他人。

相比之下，复式教学中的异级分组进一步放大了小组成员间的这种异质性特点，提供了很多合作学习的机会，既能够帮助低年级学生克服学习中的困难，也有利于培养高年级学生的自信心与自律能力。尤其是在"同动同静"模式的复式课堂教学中，不同年级组学生在同一教学环节中同步互动，使得异级分组的这一特点所显示出的优越性更加明显。

不同年级成员合作学习的目的和意义不同。同级编排的合作小组成员间基于各自优弱点的不同，在分工上常出现变化。虽然异级编排的合作组也存在着这种现象，但从整体看，成员间的分工表现得较为单一：高年级组主要起辅导、监督作用，低年级组则更倾向于模仿和学习。所以，在同一组中，合作学习对于不同年级的成员来说，学习的目的和意义都是不一样的。

合作组的编排更加复杂。正如我们前面所言，复式课堂中的合作小组可以同级编排,也可以异级编排,甚至还可以异科编排。至于究竟怎样排才能让合作学习发挥出最大的功效,这还要考虑授课的内容和学生的特点。教师在设计学生的合作学习方案时,可以根据实际情况的需要,灵活采用各种编排形式,有必要时,还可以同时采取多种形式进行编排。

上面我们讲了这么多关于合作学习的分组编排问题,主要是因为在复式教学中,小组的编排具有其非常特殊之处。老师们注意到这些特点,进行科学分组,这就为下面在具体学习活动的实施中进一步培养学生的合作学习能力做好了准备。

复式教学中的合作学习有狭义和广义之分。狭义上的合作学习与普通教学中类似,是为完成某一特定学习任务而进行的小组合作。在学习过程中,学生的活动具有具体的目标和时间上的限制,教师在整个活动中起指导和监督作用,活动结束后还应进行及时的反馈和评价。

从广义上讲,由于复式教学中普遍存在着异级(异科)同堂的现象,我们就可以把整个复式课堂的教学活动都看做是一次在教师指导下的生生异级分组合作学习:学习的目标是各年级组学生教学目标的达成,高年级组是低年级组成员学习的促进力量。由此我们说,复式教学就是一种异级(异科)合作学习。

那么,我们复式教师在教学中,究竟应该注重培养学生哪些方面的具体能力,以此推动其合作学习能力的发展呢?

我们可以简单地把复式班学生合作学习的能力分解成以下几个重要的方面:

搜集、整理和运用资料的能力。资料学习是学生合作学习中必不可少的一环,它是学生完成合作任务的前提条件和起始点。学生最简单最常见的学习资料就是教材及各种辅助材料。培养复式班学生资料处理能力的形式多种多样,教师可以根据合作任务的不同,考虑学生各自的特点,灵活采取多种策略,培养学生多方面的能力。

对于开放性、无固定答案,且对基础知识要求不强的资料学习任务,易采用异级分组,训练学生在不同个体间互相学习,取长补短,有利于开阔学生的视野。但如果学习任务本身对学生所学基础知识有较高的要求,则会使低年级学生处于劣势地位,降低其参与的积极性,这种情况还是采用同级分组较为适宜。

对于预习或复习性的资料学习,可视知识的难度、重要性和学生掌握的情况进行分组。同级分组多注重培养学生对所学知识的迁移能力或归纳总结能力。异级分组的预习性学习,教师可将注意力放在培养低年级学生对该学习任务的兴趣度和理解力上,同时检验高年级学生对知识的掌握程度;复习性学习,则可将重点放在培养高年级学生在学习任务中对低年级学生的辅导和帮助能力上,同时为低年级学生日后学习该内容起到预热作用。

无论采用何种方式开展资料学习,都应该把学生放在真正的主体地位,鼓励学生自己动手动脑寻找资料、使用资料。如果资料搜集的难度较大或受到客观条件的限制,教师也可以向学生提供一些查询的途径或范围,帮助学生克服困难。低年级学生的资料学习能力较弱,这时可主要以生字词的查询释义或简单日常生活问题的资料查找为主;高年级学生已经具备了一些资料查找的经验和能力,则要在简单搜集的基础上进一步培养其对获取资料的整理加工和运用的能力。

独立思考的能力。学生在进行了充分的资料搜集后,在对所获资料进行取舍、加工和运用的过程,其实也就同时开始了针对学习任务的集中思考过程。在合作学习中,学生由于分工不同或自身知识结构的不同等因素作用,思考的角度往往呈现出多元化。这种思维表现的多样性,正是合作学习最显著的优势——让学生在一种互动的环境中自由思考,独立思考。

在复式教学中,无论是传统的"动静搭配"模式还是"同动同静"新模式,对学生独立思考能力的培养都是贯穿教学始终的中心任务。如果我们把一个复式班看做是一个异级分组的合作大组,总会出现一个处于非主导地位的小组位于教师的中心视线之外进行自学,在这种间接教学环境下,学习任务的达成在很大程度上就有赖于学生独立思考能力的提升。

鼓励学生进行独立思考,发展学生的独立思考能力,教师要注意以下几点:开放性问题更有利于锻炼学生的独立思考意识;及时鼓励和合理评价有助于激发学生独立思考的积极性;关注弱势学生,进行合理分组和科学指导可以提高其参与度;充分的独立思考是接下来交流讨论的基础;引导式教学可以为学生提供自由的独立思考空间。

交往的能力。复式教学中培养学生的交往能力包括培养学生的倾听能力、表达能力、助人为乐的品质和包容力。在小组合作中,每个成员都应该学会尊重他人,别人发言时不随意打断,自己发言时留给别人插话的机会;善于采纳别人的建议对自己原先的想法进行修改、补充;控制情绪,以友好的方式对待争议。

对高年级组学生,还应同时注意培养其帮助他人的情感,学习在什么时候以哪种方式去帮助别人,并能正确对待别人的不足。对低年级组,可以培养其虚心求教,实事求是的学习态度。

讨论磋商和归纳总结的能力。在对独立思考的结果进行交流以后,合作学习自然就进入到了对不同想法的讨论磋商和归纳总结阶段。这一阶段是学生在合作学习中最困难的一步,因此,针对不同能力组学生可以提出不同的培养目标。

拿异级分组的合作学习而言,对于低年级学生,一方面可以着重锻炼其大胆发言,有逻辑地阐述自己的观点;更重要的另一方面还要引导其认真思考出现分歧的原因,学习判断不同意见真伪的方法。对高年级组的学生则要提高要求,培养他们在这一阶段的学习中成为小组活动的主导力量,不仅要寻找分歧或矛盾出现的原因,立足于合理依据对各种意见判断真伪,还要学习去粗取精,对合理的成分进行归纳和总结。

第 4 节
协助学习能力的培养

在这一节学生协助学习能力的培养中,我们主要谈一谈复式教学班中小助手的培养。想一想在课堂教学中小助手所起到的作用,完成下表:

在课堂教学活动中发挥的作用	在其他学生学习中的作用	在自身发展方面的作用

既然在复式课堂中小助手发挥着如此关键的作用，成为教学中必不可少的协助力量，那么教师应该如何选择小助手呢？说一说你通常都是以哪些标准来选择教学中的小助手的？

请将你的做法写在下面的空白处：

复式课堂中，小助手发挥着关键的作用，成为教学中必不可少的协助力量。为了帮助你了解你的小助手，请你参与我们在本节安排的"了解你的小助手"活动。

活动 8.4   了解你的小助手

确定一位小助手作为本次交流的对象，先对其前一阶段的学习工作情况作简要评述。然后和小助手开展一次朋友间的谈话，力求使气氛做到轻松自然，鼓励小助手畅所欲言，看看他或她在学习工作中面临的最大困难或矛盾是什么，并共同商定出一套解决方案。

实践应用

　　小助手的培养倾注着教师辛勤的劳动和汗水，需要教师和学生双方在工作中彼此信任、相互协助。你是否经常与小助手进行沟通，及时掌握他们在学习和工作中遇到的各种问题呢？本小节的活动目的在于提供一次交流的机会，督促你在和小助手的促膝交谈中了解他们、理解他们。

表 8-2　小助手培养跟踪表

小助手：	
谈话时间：	
谈话地点：	
教师对小助手上阶段学习工作评述：	
小助手的自我评述	学习工作中的情绪体验：
	学习工作中的有益经验：
	学习工作中的矛盾困难：
	困难或矛盾的成因分析：
解决方案：	
下阶段学习工作的构想：	

理论讲堂

小助手的积极作用主要体现在三个方面：

有利于弥补教师在课堂指导和监督上的间接性和滞后性。小助手在课堂上发挥着第二教师的作用，可以协助教师完成许多教学工作：小助手可以协助教师进行自习作业的检查和批改工作；小助手可以协助教师做好本组学生的纪律监护工作；小助手可以协助教师帮助能力较差学生进行自学。

在请小助手帮助我们开展教学活动的时候，教师们一定要明确，小助手所起到的作用只能是协助作用，不能完全代替教师的职责。简单的课堂小组活动可以由小助手组织，复杂的重要活动则不宜；机械性演算或答案单一的作业可交给小助手批改检查，主观性和开放性作业则还是应由教师自己批阅；即便是由小助手批改过的作业，教师也应及时复查，以了解学生对知识的掌握情况。

有利于在其他学生中树立榜样，组织其他学生进行课外学习和活动。由于在其他学生的学习中起到的积极促进作用，小助手在学生中往往享有较高的威信和地位，成为学生身边的学习和模仿的榜样。因此，教师可在课后委托小助手组织学生开展一些课外的阅读学习或文体娱乐活动，不仅可以弥补复式教师教学任务重、压力大，无暇顾及学生课外生活的不足，也有利于培养学生的健康兴趣和集体主义情感，促进其全面发展和进步。

有利于小助手本人的成长。作为一名合格的小助手，不仅是品学兼优，具有较强的自学能力和自律能力，而且还能够不断以高标准严格要求自己，真正起到模范示范作用。同时在协助教师完成教学活动的过程中，小助手还会参与教具准备、作业批改和某些辅导答疑工作，这就要求他们必须不断提高自己的组织协调能力和班级管理能力，具备热情助人的品质，才能在其他学生间树立和巩固自己的威信。

在选择小助手时，教师可以综合考虑多方面的因素，视具体情况而定。一般说来，每个教学组都应该有一到两个小助手。在具体的选择方面，我们给大家提供以下几则建议:选择的小助手应具有较强的自学能力;选择的小助手同时也要具有相应的组织能力；选择的小助手还应具备关爱他人的品质;选择多个小助手时,应至少有一个是固定的;非固定的小助手可视具体情况邀请学生轮流担当,以提高学生的积极性,培养责任感。

　　一般情况下,复式教师都有自己得力的小助手协助开展教学工作,这一两位小助手受到其他学生的认可,也积累了一些关于协助教学的工作经验,通常不会被随意更换。小助手的固定一方面有利于复式教学工作的高效展开,但另一方面,也将教师对学生协助学习能力的培养范围限制在了狭窄的空间,大多数学生都得不到锻炼的机会。

　　既然我们前面说到过,复式课堂从广义上讲,就相当于一个异级分组的合作学习课堂,为了便于教学活动和合作学习任务的开展,还可以将这个班级大组再分为若干小组。我们提倡教师在条件许可的情况下采用异级分组,在每一个小组的学习中都安排一位小助手,可以有固定的小助手,也可以轮流担当,教师可视具体情况灵活选择。这样,复式班学生协助学习能力的培养面就大大被拓宽了,使更多的学生有机会体验到作为小助手的责任感和荣誉感,有利于激发学生的上进心。

　　小助手的选择只是学生协助学习能力培养的第一步,在接下来的日常教学中,更重要的一方面,则是需要教师正确地利用小助手所发挥的作用,在一点一滴中促进小助手各方面能力的成长。这方面的具体工作,教师可循下列几条线索分主次开展:

　　品质培养。提出热情助人、耐心助人、礼貌助人的要求,教育小助手要严于律己,努力将工作做到最好。

　　学习能力培养。要求小助手要自觉打造自学能力,养成提前学习的习惯(必要时,也可对其进行单独辅导),在学习中锻炼其发现问题、解决问题的能力,力争使小助手的学习走在其他学生的前面。

　　工作能力培养。介绍一些简单的教学方法给小助手,并帮助他们在工作中正确地使用这些方法。在班级管理方面,及时指导小助手总结成败经验,对于所取得的成绩,要给予肯定表扬,同时也要正确对待小助手在工作中出现的各种失误。

　　小助手的培养非一朝一夕之功，教师在小助手的培养问题上，要拿出"慢工出细活"的精神：既相信他们，放开手让其在工作范围内自由摔打成长，又不失指导监督之职，理性地帮助其更快更好地成长。小助手的成长过程，是班级学生、小助手、教师三方面不断碰撞磨合的过程，其中，教师要避免在培养中步入以下误区：过分强调小助手的优点，造成本人骄傲自大的情绪或其他同学的反感情绪；对小助手工作中的失误批评不当，造成其工作信心和积极性的下降；对小助手学习成绩的下滑，采用免职、埋怨或听之任之的方式简单处理；同时安排小助手承担班级其他职务，过多占用其学习时间和精力；为树立小助手的威信，姑息其所犯错误；不分主次、情况，委托小助手全权检查、批改作业。

总　结

　　通过本章内容的学习，我们对学生学习能力有了一个较为全面的了解。我们了解了学生学习能力培养的五个途径，了解了学生自主学习能力、合作学习能力、协作学习能力的内涵以及培养的方法。加强学生这些能力的培养对复式教师在课堂实践中有效地达成教学目标有着极其重要的意义。我们知道，学生自主学习能力、合作学习能力、协作学习能力的培养是学生有效学习并掌握各类知识的前提条件，复式教师十分有必要重视学生学习能力的培养。所以，我们的复式教师应当掌握本章介绍的关于学生学习能力培养的知识，发挥自己的聪明才智，在教学实践过程中有意识地通过各种方法培养学生的各种学习能力，为学生能够更好掌握新知识奠定坚实的基础。

单元9 复式班学生参与课堂学习的技巧

任何形式的学习都要讲究学习的技巧和方法，这样才能取得更好的学习效果,提高学习效率。复式班级学生参与课堂学习的程度不仅影响课堂学习的效果,同时也对教师驾驭课堂的能力提出了更高的要求。提高学生课堂学习的参与度,是复式班级教师应重点思考和解决的一个现实问题。

学习目标

学习完本单元后,你将能够:
- 判断和分析学生参与课堂学习的程度及原因
- 掌握学生参与课堂学习的技巧并能灵活运用
- 提高复式班级学生对参与课堂学习技巧的认识

学习内容

本单元将包括以下内容:
第1节 参与课堂学习的现状分析
第2节 参与课堂学习的技巧分析
第3节 参与课堂学习的技巧应用

学习时间

本单元的学习需要三个学时

你需要的材料

这部分的学习,你需要准备以下材料:
- 笔记本
- 黑板或大白纸
- 彩笔
- 胶带

第1节
参与课堂学习的现状分析

新课程改革的一个基本理念就是"以学习者为中心,平等参与"。在复式班级中,教师如何合理地认识和对待课堂教学和学生的参与学习,对学生的学习效果发挥着关键性的作用。

你对学生的参与学习是怎样理解的? 它主要包括学生哪些方面的参与?

请把你的观点写在下面的空白处:

请你对复式班级学生参与课堂学习的现状进行回顾, 你认为这种参与学习的效果对学生各方面能力的提升起什么作用?

请把你的观点写在下面的空白处:

为了有效掌握对学生参与课堂学习积极性现状的了解, 请你完成下面的活动。

活动 9.1 填一填

表 9–1 为复式课堂中教师的教学行为,请结合自己的情况按照要求完成表格的填写任务,并试着分析学生积极、不积极参与课堂学习的各种表现及其原因。

表 9-1 复式课堂中教师的教学行为调查

（请你在认为合适的选项里打"√"并在空白处给出自己的见解）

序号	内容	是	否
1	课堂教学中你是否经常表扬学生		
2	你是否一上课就经常批评学生		
3	你是否经常关注学困生、中等生和后进生		
4	教学中你是否注重培养学生良好的学习习惯		
5	你的班级中是否有小助手		
6	每次课堂教学结束后，你是否帮助学生做好总结和反思		
7	你是否多用肯定鼓励性的语言来评价学生		
8	你是否用游戏活跃课堂		
9	你是否提倡用竞赛激励学生		
10	你掌握一些基本的心理咨询知识吗		
11	你了解大部分学生的心理状况吗		
12	你是否同大部分学生课下谈过心		
13	你是否经常在课堂上对学生赞扬其他学科老师的长处和优点		
14	上课你注意自己的仪表和姿态吗		
15	你认为良好的教学是在课堂上完成的吗		
16	学生积极、不积极参与课堂学习各有哪些表现？		
17	学生不积极参与课堂学习的常见原因有哪些？		

实践应用

教师教学行为即教师在教学活动中，对自己能有效地完成教学工作，实现教育目标的一种能力的知觉与信念，它是教师经过专业化训练并在实践中形成的教育思维、认知结构、人格特征及其与之适应的行为方式的总和。教师教学行为是由其知识结构、思想意识、价值观、认识水平等决定和控制的,教师教学行为也是受其主观意识所支配和调节的,其中教师的教学理念是决定其行为的关键。

对于表 9–1 中的问题,在新课程改革的理念指导下,需要老师们对于第 2 和第 15 个选项给出理想的选择是“否”,其余选项给出“是”。能做到这样的老师,在一定程度上反映了具有较规范的教学行为,反之需要进行教学行为反思和积极改正。

学生参与课堂学习是指复式班级中学生个体在课堂教学活动中所表现出来的一种倾向性行为。主要指学生通过动口、动眼、动手等外显的行为主动参与课堂教学,具体表现为倾听、举手回答问题、观察、参加讨论、记笔记、预习、做作业等。积极参与课堂是学生学习的重要形式,也是教师与学生互动的必然环节,它主要包括学生认知、行为和情感三个方面的参与。认知参与是指学生对知识进行认真思考的过程,是一种隐性参与。有经验的教师可以从学生微微皱起的眉头、噘起的小嘴、聚精会神的眼睛看到他们正在积极地进行思维参与。行为参与一般表现为语言上的参与,如回答老师的提问,或者在小组讨论中发言,是所有参与形式中最外显、最直观、最易于被评价的参与形式。情感参与是指学生对教学内容做出的情感投入,例如对教学内容感兴趣而面带微笑,对课本中描写的故事人物的悲欢离合感同身受,心情激动,这些都是课堂情感参与的表现。情感参与对于认知参与和行为参与具有刺激、定向、调节、掌控等功能。

因为国家和当地教育部门及相关学校领导的重视,目前我们部分实施复式教学的课堂取得了良好的效果:随着老师整体素质的不断加强,整个课堂呈现了学生学习兴趣浓厚,学习需要不断增强,学习成绩逐步提高等景象。但同时大家也应注意到一些影响学生整体进步的制约因素的存在:部分学校领导、教师受应试教育观念的影响,课程开设不全或开设的体育课、音乐课、美术课、自然课流于上级部门的检查,有名无实。一些复式班级任课教师缺乏教学经验,按照单式班级的教学方法上课,不利于调动学生的思维积极性,教学效率低。教师设计问题空乏,难度较大,对学生启而不发;提问对象归于集中或有针对性,挫伤部分学生的积极性;部分学生学习有惰性心理,习惯于静态参与;部分学生有胆怯心理,回答问题有所顾忌;部分老师对学生心理的需求关注不够,导致部分学生厌学或学习倦怠。

在复式班级课堂教学中,部分老师对学生课堂参与的范围、形式、目的、角色等方面存在一定的误区:学生的参与仅限于课堂,其实,在学生参与的形式认识上,还应该重视课前和课后的参与,这样更有利于学生在课堂学习上体现出参与的积极性;学生的参与仅限于答问,让教师描述一个积极参与的学生形象,或让教师列出判断学生是否在积极参与的标准,尽管具体的描述或标准会因人而异,但是,他们公认的一个答案是积极参与的学生是那些积极答问的学生;学生的参与只是教师组织教学的手段,学生没有主体地位,仅是"课堂表演"中的一个配角,所谓积极参与的好学生不过是一个好的配角,不参与的学生则是一个不合格的配角;学生的参与是对教师的服从,独立思考的习惯、善良的情感也被否定了。

教师要树立新的教学观、学生观和知识观,具有引导学生主动学习的能力,倡导并指导学生积极参与、乐于探索、勤于动手、主动体验、敢于创新,主动地自我发展;具有面向每个学生教学的能力,能根据学生个体差异采用不同的教学方法、方式和技能,促进每个学生在原有的知识和能力基础上都得到提高和发展;具有运用现代教育技术的能力,积极利用现代化的教学手段,改革传统的教学方式,使每个学生获得不同程度的发展。学生学习的参与是多方面的,这就需要我们任课教师加大对参与学习相关知识的理解。

理论讲堂

由于传统复式教学的"动静搭配"存在难以自愈的"硬伤",在此基础上,结合我们这几年对复式班级课堂教学理论和实践的研究和探索,提出了"同动同静"的教学模式。它是针对"动静搭配"存在的年级割裂和声浪干扰等不足提出来的。它的操作程序是要求相邻班级编班,同科搭配,以小组教学形式组织课堂获得,要求频繁使用教学用具。

复式班教师上课,不能像单班那样讲解得具体透彻,只有教学生掌握学习的方法,才能缩短教学时间,提高教学质量。一要指导学生掌握自学例题的方法,二要指导学生运用知识渗透,掌握迁移规律的学习方法。如小学数学新教材,对于每个章节的新知识点,都有相应的例题。教学时充分发挥小学教材这一优势,指导学生掌握自学例题的方法,让学生懂得例题的编题意图,根据图示顺序去分析、推想,从而掌握数学学习的思考过程。教师要认真钻研教材,合理设计教学方法。要想上好复式班课,取得成绩,教师必须认真钻研复式班两个年级的教材,吃透教材,这一点比单式班更重要!课前还要写出适合复式班的教学设计,合理设计教学环节的每一个步骤,如:处理好两个年级的"同动"、"同静"的搭配,充分调动每个年级每个学生的积极性;组织合作学习和探究活动要得法,无法实施的环节就得舍去;要考虑到复式班的突发事件比较多,教师要会善于应变,灵活处理;上课时,教师要做到语言简练不啰唆,既要面向全体学生,又要照顾到个体。复式班的课堂教学,由于"多头"的特点,教学中宽裕的"静"态教学时间为自学提供了有利条件,在"静"中努力做到教师与学生、学生与学生,特别是教师与助手之间的配合默契、协调,合理利用这一潜在优势,善于培养学生的自学能力,能有效促进教育质量的提高。

复式班级学生的学习参与同教师对课堂的掌控能力、技巧紧密相连,只有进一步明确教师在教学中所发挥的作用,学生参与学习的积极性才会逐步提高,进而获得良好的学习效果。

第2节
参与课堂学习的技巧分析

学生积极地参与到课堂学习当中来,不仅需要具备一定的学习基础、学习能力、学习方法、学习习惯、学习态度等能力,还需要教师在课堂上善于把握和应用一定的学习技巧,这样才能进一步提高学生学习的动机和学习兴趣,进而产生更高的学习需求。所以,我们有必要把一些学习的技巧,结合复式班级和学生的实际情况灵活应用到课堂中。

复式班级教学中,讲新课前你要求学生预习功课吗?你对学生指导过预习方法吗?

请把你的观点写在下面的空白处:

你在课堂上经常让学生开展讨论吗?一般每节课讨论多长时间?对另外的"静态"班级你又提出了哪些学习要求?

请把你的观点写在下面的空白处:

你喜欢学生在课堂上提出质疑吗?在课堂上提供给学生的自主学习时间和空间合适吗?

请把你的观点写在下面的空白处:

活动 9.2　想一想

1.复式班级课堂中,你认为对学生有益的学习技巧有哪些?

2.这些技巧应用过程中,对老师和学生都提出了哪些要求?

实践应用

复式班级新课传授前，老师要提前安排相应班级的学生进行预习。预习效果的好坏，直接影响到课堂教学的效率和质量。教师根据教学内容与要求，结合学生实际学识水平，拟订好预习提纲。提纲中既有新旧内容过渡的旧知识，又有通过阅读书本能独立完成的基础知识，还有经过思考后产生模糊认识的探究性知识。学生按照提纲去读书，边读、边写、边想，动眼、动手、动脑。教师在安排预习中，要教给学生预习的方法：初步了解新课的基本内容和思路；在预习过程中，对自己不清楚或忘记的旧知识、旧概念，应快速查找；找出新课中自己不理解、不会的或者不懂的问题，分别用不同的符号予以标记；尝试做预习笔记，把预习过程中遇到的问题，学习收获等作简单记录；预习结束后，建议学生合上课本进行回顾，检查自己的预习效果。通过初步了解课堂内容，初步理解知识脉络，为直接教学打下基础。

复式班级课堂教学中，讨论这一教学方法的应用不同于单式教学。它需要老师具有一定的组织技巧：在"同动同静"模式的指导下，老师要考虑复式班级知识的关联性和层次性，高年级进行讨论的内容，让低年级的学生也能对相关知识进行初步了解，为以后的学习创造良好的基础；讨论时间掌控在10分钟左右；如果实施"动静"的模式，对静态的班级要提出具体的要求，避免声浪的干扰。

复式班级中，教师提出质疑和学生提出质疑都是学生积极参与教学活动和自主的学习方式的体现。质疑需要师生创造和谐、民主的课堂氛围，质疑需要老师为学生指点发问的途径和方法，如课前预习、思考产生疑问。课堂教学，激发疑问引起思考；课后质疑，回顾内容强化理解。质疑需要老师们进行客观地反馈评价，质疑需要学生有自主学习的空间，教师应设计好学生自主学习的教学空间和环节。

有益的学习技巧对师生双方能发挥积极的促进作用，如：

诱发学习兴趣。首先，新课导入是激发学生求知欲和学习兴趣的重要手段,可采用激发兴趣、制造悬念、寻找规律、演示操作等方法来导入新课。其次,教学中利用学生好奇好动的心理,根据学科的特点,开展相关的游戏、故事、竞赛、课外活动等,寓知识教育于活动之中,通过活动启发学生在喜悦中理解和掌握基本知识、基本概念和基本技能。再次,充分运用现代技术手段,增强课堂的吸引力,使文字型、抽象型的内容能生动、具体、形象地表示出来,化繁为简,化静为动,从而激发学生的兴趣和求知欲。

加强学法指导。指导学生学习时,第一,在教师的示范指导下,学生通过对教师在教学中的模仿掌握学习方法,教师的书写、阅读、运算及分析推理等方法都将成为学生学习的榜样,所以,教师在教学中必须加强自己的示范作用,让学生仿效,从中获得学习的正确方法。第二,培养学生养成良好的学习习惯。学生是学习的主体,学生从不知到知,从不会到会的学习过程靠教师有针对性的点拨,靠严格要求、反复训练和良好的学习习惯,如起床后的静思回顾、阅读中的圈画横点、课堂内的质疑释疑、知识点的口头表述、作业中的查缺补漏、复习后的自测自评等等。第三,在课堂教学中,注重培养学生的动手操作能力和动脑思维能力,充分发挥学生的主体作用。特别注意引导学生参与教学,变"讲堂"为"学堂",通过创设问题情景,激发参与动机,提供参与机会,保证参与时间,让学生在"动"起来、"活"起来的教学过程中,增强创新意识,培养创新能力。这样就会达到变"学会"为"会学"的目的。

理论讲堂

在教学活动环节上,教师要注意设计的完整性:预习、反馈、导学、练习、质疑、小结六要素。在直接教学中,教师要讲清基本概念和知识点,以利于学生解决问题,启发学生自学,同时要教给学生学习方法。在课堂作业的安排上,教育学生以科学的态度对待学习,首先要通过查书、阅读教材、自己动脑筋想办法解决问题,作业完成后要养成认真检查的习惯,作业批改后主动找出错误之处,对于学有余力的学生,要鼓励他们完成机动作业,或在课外自觉找些题目做,激发他们进取向上的品质,提高他们参与课堂学习的积极性。

回顾一下,你的课堂教学在时间和环节上是否完整,这对于学生的学习起着重要的作用。

因为学生的年龄、自学、自控能力较低,直接性的学习兴趣强,一堂课的动或静的次数不宜太多,多了时间难以控制,教材的连贯性、系统性难以掌握,也不宜太少,太少难以维持课堂纪律。所以在设计教学线路时,应考虑教学对象、教材性质、教学密度等因素。

充分利用异级资源,加强协作与合作。高年级的学生对于低年级的学生是一种可以利用的有效资源,教师可以采取一帮一或一帮多,甚至不固定的帮扶形式,可以在课余、班会、课堂上经常传输这一做法,让高年级的学生主动去帮助低年级的学生。也可以成立由两个班各科学习优秀的学生组成学习小组,规定在一个课堂学习时间点专门辅导班内其他学生的功课。

开展互教互学。由于受时间的限制,复式班学生各年级每堂课接受直接教学的时间只有二分之一,甚至更少。因此,开展学生间有组织、有指导的互教互学活动是课堂教学的一种补充和辅助手段。所以,在座位编排时,有意将同年级相邻的三至四名学生组成互教互学小组,各层次学生间隔就座,由优生担任小组长或小助手。这样在课堂作业过程中,优生可相互检查作业,核对标准,学困生在小助手的辅导下完成作业。遇到难题时,由小助手组织讨论。讨论中学生可以相互启发,相互补充,共同找出正确答案。此外,还可以由小助手组织开展有趣的游戏,如口算接力赛、开火车、夺红旗等,但要强调在讨论和活动时,应尽量利用体态、手势、文字等代替语言,减少课堂干扰。与此同时,在自习课和课外活动中,还可以由教师指定高年级的学生任小助手辅导低年级学生学习,小助手们会把教师的委托视为对自己的无限信任,从而尽心竭力地去完成辅导任务。

注重作业精选。在复式班课堂上处于静态的学生,主要是通过课堂作业来检验学习效果,依靠课堂作业本身来保持学生的稳定和集中学生的注意力。因此,每堂课都应精心设计和科学安排课堂作业,不管是预习作业还是巩固、复习作业都不能太难太多,应从易到难,由浅入深,难易适中。根据学生的实际水平的差异设计练习时要注意:安排作业要紧扣重点、难点。一要体现基础知识的练习,落实好"双基"教学;二要避免重复化、形式化,要有"典型性",要讲究"精",切不可过量,要做到举一反三,触类旁通。布置练习要有科学性。一是布置一些具有规律性、可操作性的实践练习,从而培养学生动手动脑的能力;二是布置练习要有层次性、阶梯性,遵循"循序渐进"的原则;三是练习要有一定的趣味性、创造性,通过此类练习可充分激发学生学习兴趣,开启学生智力;四是布置练习要从培养学生的智力因素出发,又要从培养学生的非智力因素出发;五是布置练习不要束缚于一种形式,要有多样性,例如作业本练习、操作练习、游戏练习、竞赛练习、口头练习等形式,从而达到让学生想学、乐学、会学的效果,全面提高教学素质。

结合自己的教学风格,对学生参与课堂学习技巧的应用要因人而异。我们所要强调的是,大家要依据复式班级学生的特点,有效应用合理的学习指导技能,使不同的学生都能获得相应的发展。

第 3 节
参与课堂学习的技巧应用

美国华盛顿国立图书馆的墙上写有三句话:"我听见了,但可能忘掉;我看见了,就可能记住;我做过了,便真正理解了。"新课改要求我们的课堂教学,必须想尽一切办法调动学生积极参与的热情,最大限度调动学生的学习主动性,改变传统的知识讲授型教学方式,在师生互动中,增强学生掌握知识的能力。

一节复式班级课堂上,李老师在黑板上出了几道题,让四年级的学生们用乘法定律进行简便计算。学生完成后,李老师提问:"你们谁在计算中遇到了困难?"学生听了都默不作声。李老师很奇怪,明明看到很多学生都没有采用最简便的方法进行计算,提问后却都不主动回答,这是为什么呢?

请结合你的教学经验和体验,请分析李老师的做法。

请把你的分析写在下面的空白处：

请结合你所在复式班级学生参与课堂学习的情况，对表9-2"学生课堂学习评价表"给出客观的评价。

表9-2　学生课堂学习评价表

（评价等级——优、良、合格、差）

项目	评价内容	评价等级
精神状态	1.学生课前准备充分，学习物品放置齐整。	
	2.学生精神饱满、坐立端正、表情自然、脸带微笑。	
	3.学生的发言响亮、清晰。	
	4.学生富有浓厚的学习兴趣，高涨的学习热情。	
参与程度	1.学生主动参与的时间长（>70%），投身在自主探究、动手操作、合作学习之中。	
	2.学生通过认真观察，能够主动发现和提出问题，有条理地表达思考过程。	
	3.学生善于倾听，在倾听中思考，在倾听后评价他人发言、及时补充自己的想法。	
	4.学生善于思考，能提出解决问题的策略，表达自己独特的见解。	
	5.积极参加小组学习活动，分工明确，主动与同学合作交流，并且能够确实解决问题或产生新的认识。	
参与效果	1.学生普遍具备良好的学习意志品质和道德品质。	
	2.学生养成自主学习的习惯，有竞争意识和合作意识。	
	3.学生普遍具有问题意识，敢于质疑问难，发表不同的见解。	
	4.不同程度的学生均得到发展，从整体上达到教学目标。	
总价	班级亮点	改进建议

活动 9.3　你用这些技巧吗?

请你与学习伙伴一起回忆自己的课堂,阅读并讨论学生在课堂学习的一些技巧(表 9-3),完成下列任务:

1.哪些技巧在你的课堂教学中运用过?请用"√"符号标出来。

2.哪些技巧你不会选用? 困难在哪儿?

3.还有哪些技巧我们没有列上,请你自己填写上。

表 9-3　复式课堂教学中教师对学生学习技巧的运用

序号	内容	选择	困难
1	用本学科中或课文中人物的优秀事迹激励学生。		
2	帮助学生制订本学科的每周学习目标,每月、每学期甚至更长时间的学习目标;注意,目标最好表述为"能背诵 10 首古诗"、"能用数学知识解决生活中的问题"等学习任务导向的目标,而不要表述为"取得年级前 8 名"、"获得一等奖"等表现导向的目标。		
3	自己的头脑思考过的东西会记得更牢。因此,有的时候,即使你知道答案是什么,也要忍住不说,让学生去找答案并说出来。		
4	让学生们相互解答各自在学习过程中遇到的问题。		
5	让学生对自己的学习过程、学习结果进行自我评价。		
6	帮助学生分析学习取得成功或失败的原因。		
7	帮助学生将自己历次的成绩进行比较,让学生看到自己的进步和变化。		
8	从学生在听课时提出的疑惑中梳理出有价值的问题,引导学生讨论,学生自己提出的问题往往能引发其更深入的思考。		
9	当发现有学生没有听懂时,不妨换一种思路或方法来讲,打比方、举例子、作类比等都是有效的方式。		
10	学生的作业或表现不是用一个笼统的"好"或"棒"字就可以准确地描述的。你可以从作业或表现所达到的学术水平、学生的学习方式与过程、学生的精神面貌与态度等多个方面进行中肯的评价。		

续表 9-3

序号	内容	选择	困难
11	鼓励同学间在学习上相互督促和帮助，特别鼓励学习成绩好的学生多和其他同学交往，分享自己的学习经验。		
12	开展合作学习和组间竞赛，鼓励每个学生为了小组的荣誉而努力学习。		
13	当学生质疑你的观点或提出不同的见解时，可以心平气和地与学生讨论。		
14	遇到你不能解答的问题时，敢于承认知识的复杂性和你的知识有限，但表示你可以和学生一起去查阅资料、寻找答案，这可以激发学生的探究精神，也可以为学生树立诚实的榜样。以后当学生遇到不懂的问题时，他便能够大胆地举手提问，而不会因害怕老师、同学的嘲笑而掩饰自己的无知。		
15	开放性的问题比封闭性的问题更能促进学生思考，引发学生更加多元化的答案。但注意，在提问时，要留给学生足够的思考时间。		

实践应用

在这个案例中，教师的提问有以下不足：首先，提问中的语言表达难以被学生理解。学生基本上都能完成题目运算，因此当李老师问是否有困难时，学生并不知道"遇到困难"指的是什么样的情况。第二，提问没有反映练习的重点。练习的目的并非为了学生得出正确的答案，而是帮助学生学会更加简便的运算方法，提问没有把学生的练习重点引导到对简便方法的探索上。第三，提问所反映的消极评价太强。如果某个学生主动回答老师的提问，就要在老师和全班同学面前承认自己"遇到了困难"，如果不回答，就不需要为这种冒险承担后果。一个好的提问可以这样：老师看到同学们都用了简便方法运算，但是，有的同学算得更简单，哪位同学愿意向大家展示一下自己的计算过程？

在提高学生参与课堂学习积极性方面，教师要做到：让长效的学习目标为学生的成长做一个远大的定位;让学生通过自主选择,对自己的学习担负责任;让学生明确考试不是学习,而是了解本人学生情况的手段;教师要善于捕捉学生的反应,使学生的兴趣与需要结合到平常的学习活动中来;教师要因人而异,使用详细而富有个性化的反馈,提高学生的自我认识;加强和谐人际关系的培养,激发学生学习的劲头;对学生的过错体现宽容,鼓励学生参与有挑战性的活动;擅用能引起学生兴趣、激发学生思考的方式提问或提供信息。

理论讲堂

在学生课堂学习的技巧应用上,需要老师给学生创造更多参与学习的机会,努力创造平等、民主的师生关系与和谐的"教"与"学"的氛围,充分调动学生的学习兴趣,满足学生表现欲望,注意因材施教,不断为学生创造成功的机会,让学生在成功愉悦中焕发旺盛的学习热情,使不同层次的学生都得到进步,全面提高学生的整体素质。

学生积极参与是一种状态,是一个不断变化的过程;参与的基础不是服从,而是平等、认同;参与不只是行动上的呼应,更重要的是思维同步、情感共鸣;参与是沟通,不仅要表达自己,还要倾听他人。从复式教学的模式构建入手,利用"分室教学"减少复式教学的干扰因素。利用学校现有的条件,实行分室教学。

总　结

每个学生都有没被别人发现的潜力,这潜力之大别人是无法想象到的,就连他们自己也无法预估到,但是一旦被挖掘出来,会比真正的英雄还棒。在复式班级学生学习技巧的认识、理解和应用上,需要老师进一步理清教学思路和管理理念,结合实际,提高学生参与课堂学习的积极性,以期实现我们的教学目标。

我们希望通过上述目标的实现,使大家能够在复式班级的课堂学习中,积极实现"学生积极参与、师生共同参与"的状态,为学生认知能力发展和综合素质能力的提高创造积极的条件,从而使复式班级的教学环境更加活跃、生动、有趣。

单元10　再识课堂管理

　　课堂管理是课堂教学得以顺利开展的重要保证，是直接影响学习效果和教学效率的关键因素。我们所提倡的课堂管理主要是"尊重学生，促进学生的发展"。前者体现的是人与人的平等，提倡课堂管理的民主化；后者体现的是提高教育教学效益，这也是课堂管理的最终目的。

学习目标

本单元学习完后，你将能够：

- 用自己的话给"课堂管理"一个界定
- 列举出课堂管理的组成要素
- 说出新课改后，课堂管理中采用的策略

学习内容

本单元将包括以下内容：

第1节　课堂管理的概念和意义

第2节　课堂管理的组成要素和过程

第3节　课堂管理策略

学习时间

本单元的学习需要四个学时

你需要的材料

这部分学习，你需要准备以下材料：

- 相关教育专业书籍
- 笔记本

第 1 节
课堂管理的概念和意义

　　课堂教学是一种有组织、有目的的师生互动过程。对学生课堂行为进行管理是教师课堂行为中的重要组成部分。在课堂教学过程中,教师需要对课堂内的各种资源进行调控,以促进每一个学生健康全面和谐的发展。教学的组织性、计划性与目的性要求教师协调课堂中人与事、时间与空间等各种因素及其关系,以保证教学的秩序和效率。

　　现代课堂管理理念认为,课堂管理主体既包括教师也包括学生。在课堂管理过程中,教师在课堂管理中起着主导作用,同时教师要引导学生积极主动地参与课堂管理和自我管理。教师是课堂管理主导者,而学生是课堂管理主体参与者。

　　你认为课堂管理的目的是什么?课堂管理的主体包括哪几种?各主体在课堂管理中的地位和作用如何?

　　请将你的观点写在下面的空白处:

　　请你和周围的人交流一下你们的看法,对照一下自己的答案,有没有需要完善的地方?

　　如果有,请将完善后的答案写在下边的空白处:

你可以在工作之余进行下面的活动,翻翻字典,看看这些词的本意是什么? 它将可以帮助你更好地理解什么是课堂管理。

活动 10.1　翻翻—看看—想想

请你借助以往的教学工具书和字典,查查"课堂"、"教室"、"管理"、"管束"和"协调"等词,看看它们是怎样解释的, 并结合自己的想法说出课堂管理的意义和作用。

实践应用

与其他管理不同,由于管理对象的特殊性,课堂管理也表现出不同的特点。做好课堂管理,一定要根据学生的特点和教学活动的进程,采取适当的手段,以便教学效果的发挥和教学目标的实现。

请你借助工具书,查出"课堂"、"教室"、"管理"、"管束"和"协调"等词,填写在下面的表格中。

词组	字典中的解释	你的看法
课堂		
教室		
管理		
管束		
协调		
课堂管理的意义和作用		
1.		
2.		
3.		
4.		

理论讲堂

课堂管理的最终目的是为了有效地实现教学目标。所以,我们所倡导的课堂管理是指教师为了保证和提高课堂教学的秩序和效益,与学生一起制定和遵循的课堂规则,以及教师在课堂内的整个行为和相关的课堂活动,包括课堂环境的安排、课堂秩序的建立和维持、对学生行为的监督、对违反课堂纪律行为的处理以及指导学生的学习等等。学生在课堂里的合乎规范要求的良好行为,不仅有利于教师教学任务的完成,而且也有利于每个学生的健康成长。

课堂管理的意义在于,为学生提供一种明确的组织与结构,维持课堂秩序,激发学生的学习动机,降低学生的焦虑水平,激发学生的学习潜能,提高教学工作的成效。课堂管理具有重要的意义,具体体现在以下几方面:

课堂管理通过创设良好的课堂环境,保证课堂活动的顺利进行。因为良好的课堂环境有助于外在控制向内在控制转化,为学生形成自律心理机制和促进"他人标准"与"自我标准"的统一创造条件,因而可以减少产生矛盾与冲突的可能性,并消解许多潜在的矛盾与冲突。

课堂管理通过促进交流与互动,促进课堂活动的有效展开。课堂中人与人之间、人与环境之间的相互作用或相互影响构成课堂情境中的互动。有效的课堂管理促进师生及学生之间的对话和信息交流。而这种对话与交流使课堂活动得以更充分地展开,从而促进学生知识经验的获得、心智的开启、能力的发展,以及教师课堂教育教学质量的提高。只有实现了人与人之间、人与环境之间自由的信息交流,才能使课堂活动不流于形式或表面化。

课堂管理通过激发课堂活力和促进课堂生长,为学生的持久发展创造条件。课堂活动对于学生具有个体生命价值,蕴涵着巨大的生命活力。只有生命活力在课堂上得到有效开掘,才能有真正的课堂生活,课堂上人的生长才能真正实现。课堂管理就是要调动各种可能的因素,开掘课堂的活力,发挥其生长功能。通过人的生长功能的开掘促使课堂的资源不断再生。这样,课堂得以再生长,课堂的再生长又进一步为学生的持久发展奠定基石。

第2节
课堂管理的组成要素和过程

　　课堂管理的组成要素取决于在课堂管理中对课堂教学产生影响的诸多因素,简单地可以归类为两个方面:物的因素和人的因素。物的因素是指教学的物质环境,包括教室里的温度、湿度、空气、光线、颜色、噪音、通风等自然环境以及教室的布置装饰、座位的编排方式、必备的教具和学具等人文性环境是否体现出"以人为本"的教育教学理念;人的因素是指教师与学生之间的关系,包括师生的需求、认知因素、情感因素、课堂心理气氛等。

　　你认为课堂管理中的因素包括哪些? 这些因素应该如何分类? 为什么?

　　请在思考后将你的答案写在下边空白处:

　　请尽量完成下面活动, 它可以帮助你更进一步地领会这一节所学习的内容。

> ### 活动 10.2　找原因
> 　　为了帮助你对本节内容的了解,并且能够结合自己平时课堂管理中所遇到的问题,找到问题的原因和解决问题的办法。请你根据上面所学的内容,找出目前对你影响最大的课堂管理的因素。

实践应用

　　课堂管理的组成要素也成为影响课堂管理的因素。与物的因素相比,人的因素就显得尤为重要了。如教师的素质、能力和教学中的种种行为,都直接影响着课堂管理。甚至家长与教师是否配合也间接地影响着课堂管理的效果。

　　课堂管理的组成要素构成了师生学习工作生活的具体环境。师生在具体的环境中,在与环境的相互作用中,不仅会受环境的影响,也要学会适应环境,同时,还要学会努力控制和改造环境,使之为自己服务。课堂活动也是如此,只有了解、适应、协调课堂环境,使课堂环境为教学服务,教师的教和学生的学才能取得理想的效果。

　　通过对课堂管理组成要素的研究,可以使教师更加明确其课堂管理各组成要素对于学生身心发展的影响,从而促进其课堂管理观念的转变和技巧的更新,为创造一个充满生机与活力的新型课堂,造就学生完整而成功的人生奠定坚实的基础。

　　请把目前对你影响最大的课堂管理的因素,填写在下面的表格中,并尝试与同事、家长、学生商讨,找出如何解决不利因素的措施。

序号	你认为最重要的因素	对你影响比较大的因素
1		
2		
3		
4		

理论讲堂

做好课堂管理,首先是要了解课堂管理的对象。作为课堂管理者的教师,所面临的管理对象一般有四个方面:对学生的管理;对教材的处理;对教学环境的管理;对时间的管理。其中最主要的是对学生的管理。我国传统的课堂教学观所忽视的恰恰就是学生的主体地位,所谓在课堂上只管教不管学,其实就是没有把管理学生作为课堂教学的关键环节。我们研究课堂管理,就是探讨在课堂教学的特定时空内,合理组织与调节上述管理对象,特别是调动学生学习的积极性,以保证整个课堂教学顺利完成。

课堂管理的过程贯穿于整个课堂教学过程之中,而并不局限于一节课的某段时间里。其过程大致可分为三个阶段:

初始阶段:包括上课铃声、课始问候。上课铃声召集学生进入课堂,有人把它喻为战斗的冲锋号声,学生在铃声的召唤下明确上课开始,心情开始安定。课始问候并不单单是礼貌问题,它使师生感情交流开始,又进一步安定秩序。有的人对课始问候漫不经心,其实是放弃了这一有效的管理环节。课始问候时,师生双方精神饱满、行动整齐,无疑是一个良好的开端;反之,疲疲沓沓,必然影响教和学的情绪。

中间阶段:包括引起注意和兴趣,保持注意和兴趣,以及安排教学结构、控制教学节奏等。当然,由于课的类

> 行为即个体为实现某种预期的目的而实施的身体的活动。从性质上看,行为可区分为好的和坏的、对的和错的、有用的和无用的、有效的和无效的等等。而从规范的角度看,行为可分为正常行为和违纪行为。通常人们将学生在课堂上违反相应纪律和规则的行为概称为"违纪行为"。违纪行为具有两个显著的特征,即干扰性和意向性。所谓干扰性是指,违纪行为与所发生的场景或周围的环境不相适应,对其他的同学或老师造成了学习上的或教学上的不良影响或干扰。这是衡量正常行为和违纪行为的一个重要标准。所谓意向性是指,这种行为是有意而为之的,即行为本身具有明确的目的性,行为的实施者对其行为的结果早有预料。

型的不同,在这一管理阶段上也有一些具体差异。比如新授课可以从学生原有知识结构出发,唤起他们的求知欲望,也可以通过启发式提问,把学生的注意力吸引到所要讲的内容上来。适当的提问、语调和轻重顿挫、指令语的恰当运用则是保持注意和兴趣的有效手段。而练习课则往往从复习定理和原理开始,或者从一条典型性的题目讨论开始,引起注意和兴趣,然后用适当的巡视辅导、集体讨论作业错误、检查个别学生的作业情况等手段来保持学生的注意和兴趣。

这一阶段,有一个维持课堂纪律的问题,对一些影响秩序影响教学的偶发情况,需要教师运用其机智,把分散学生注意和兴趣的情况消灭在萌芽状态。当然,管理课堂并不仅仅是维持纪律,有的课上,学生纪律状况良好,但缺乏学习兴趣,只是为守纪律而守纪律,这显然不是课堂管理的最佳境界。

结束阶段:包括下课铃声、结束问候语。下课铃声作为课堂教学结束的信号,也意味着大部分同学的注意力由集中转向分散。由于学校上课时间是统一的,一个班级学生放学,很容易影响其他教室内学生的注意力,从而导致学生的注意力的转移,如果此时教师的讲授还没有结束,就会影响到教师正常授课的进行或者教师关于课后作业和注意事项的布置等。

因此,在这一阶段的管理上,不应草率收场,而应加强控制,做到有始有终。一般来讲,教师应该及时将课程讲授结束,并提高声调,强调同学们注意相关事项,以吸引同学们的注意力。在布置完课后作业和相关注意事项后,教师应及时和同学们互致结束问候语,这不仅是礼貌问题,还会直接关系到同学们对此次课程的注意力,给同学们一个有始有终的影响,便于同学们兴趣的提高。

第 3 节
课堂管理策略

新课程改革后,课堂教学发生了一系列可喜变化。在学习方式上,新课程倡导学生主动参与、乐于探究、勤于动手,这样学生在课堂上合作交流多了,参与活动多了;在教学方式上,新课程强调教师角色由"居高临下"转向"平等中的首席",注重培养学生学习的独立性和自主性,引导学生质疑、探究,这样在课堂上学生和老师的平等对话多了,自主探究的空间大了,课堂管理的目标也随之发生了改变。

　　你认为新课程改革后复式班在教学活动上都有哪些特点?

　　请将你的想法写在下边的空白处:

　　在这些特点中哪些与课堂管理密切相关? 为什么?

　　请将你的想法写在下边的空白处:

　　请尽量完成下面活动,它可以帮助你更进一步地领会这一节所学习的内容。

> ## 活动 10.3　找不足
>
> 　　针对课堂管理中的一些目标,写出你心中达到这些目标的最佳方式,再回忆一下自己在课堂管理中采用的方式,找出其中的差别,并试着分析一下产生差别的原因。

实践应用

管理策略作为管理目标实现的手段，只有当管理策略符合教学规律并准确结合教学活动实际时才可能发挥出其应有的效果。

我们希望你积极地参与到活动中来，在活动中学习，在活动中受益。因为，面对新世纪给教育和人才培养提出的前所未有的挑战，我们必须通过自身的努力创造一种能促进更新与发展的课堂文化，让我们的课堂更多地关注学生的尊严、生命、智慧和爱，肯定自我，张扬个性，倡导民主与和谐，从而为学生的发展提供充足的条件和可能。

每个人针对课堂管理中的目标都有自己认为的最佳的方式，而现实教学过程中却会和最佳方式有所差别。请根据你的经历和所学的知识完成下表：

目标	你认为的最佳方式	你采取的方式	产生差别的原因
保证教学目标顺利完成			
创建良好的课堂管理机制			
学习过程中的有效管理			

理论讲堂

随着课堂教学一系列新变化，传统课堂管理方式已经越来越不适应新课程改革的需要。新课程下只有采取行之有效的课堂管理策略，才可以构建和维持有效的课堂学习状态，防止和干预不良教学行为的发生，才可以促进学生的发展和确保新课程改革目标的落实。

坚持课堂管理目标原则。新课程坚持以学生发展为本的基本原则,强调要根据学生的认知能力和心理特点来确定教学目标。新课程的这种变革对传统课堂管理形成巨大的冲击,要求课堂管理以学生的发展为核心,根据学生的身心特点,来确定课堂管理目标,从而促进课堂的生长。正确的目标本身具有管理功能,直接影响和制约师生的课堂活动,并起积极的导向作用。作为课堂管理者之一的教师,课堂上所实施的一切管理措施,包括组织、协调、激励、评价等,都应当努力服务于设定的教学目标。课堂管理的成败得失,也应当以课程标准是否实现,教学目标有无达成和学生是否成长作为衡量依据。部分教师由于忽视课程标准和教学目标对课堂管理的制约作用,在课堂管理上往往就无所适从,失去了目标和方向,导致课堂管理流于形式主义,部分学生在课堂上自由散漫。

努力构建平等、民主的管理机制。旧式课堂管理侧重于要求学生对规章规则的服从,只把眼光集中在控制学生问题行为、处理学生消极行为上,更多地关注程式化的问题解决和课堂秩序的规定性。旧式课堂管理方式太过刚性而缺乏活力和创造力,学生在条条框框的束缚下,并不能成为学习真正的主人。新课改要求构建的是平等、民主的管理机制。

首先,创设宽松、平等、和谐的新型师生关系,促进课堂管理。教师对课堂管理有着举足轻重的指导作用。新课程要求教师对学生的态度不能居高临下,但这并不意味着学生对教师的态度就可以以下犯上。新课程下教师不能因为片面追求平等,而弱化自己在课堂管理中的作用。师生交往中,教师要充分发挥其"平等中首席"的作用,积极和学生进行交往,赢得学生的尊重,树立教师的威信,这样在课堂管理中学生才能做到"亲其师而信其道",自觉服从管理。

其次,发扬民主,提出合理的课堂规范。教师对课堂管理要坚持以人为本,增强服务意识,满足学生的合理需求;要从学生的身心特点出发,提出合理的课堂规范。教师从一开始就要根据课堂管理目标提出对学生行为的期望,让学生清楚明了课堂中哪些行为是合适的、可接受的,哪些行为是不合适的和不可接受的。针对这样一些期望让学生提出自己的看法,师生在发扬民主的基础上共同来确定课堂规范。教师在确定课堂规范时,要立足于是否有利于课堂教学活动的有效开展,是否有利于调动学生参与课堂的积极性,是否有利于学生的发展。通过师生共同努力,在发扬民主基础上建立的课堂规范,无疑具有开放性和灵活性,这样会比较容易得到学生的认可和接受。

再次,注重学生的自主管理。教师要提高学生的主体参与意识,培养学生的自主管理能力。新课程强调学生的自主学习,而自主学习能否收到良好的效果,有赖于学生学习过程中自我管理能力的高低。在课堂管理中,教师要尊重学生学习的自主权,对学生的学习进行有效的指导,让学生参与到课堂管理中来,让学生认识到学习的事是他们自己的事,课堂的管理也是自我的管理,学生本人也是课堂的管理者。通过构建平等、民主的管理机制,就会使课堂管理充满活力,就会在课堂上真正实现师生互动,就会在课堂上真正促进学生的发展。

注重过程管理。过去的课堂管理是一种结果管理,更多地关注程式化的问题解决,只管教不管学。新课程强调对学生学习过程的指导,这无疑对教师的课堂管理提出了新要求。新课程要求教师在课堂上应该选择过程管理。

首先,有效的学法指导。实践表明,学生参与课堂教学的方式影响了学习结果,单纯的行为参与方式并不能促进学生高层次思维能力的发展,只有以积极的情感体验和深层次的认知参与为核心的学习方式,才能促进学生包括高层次思维能力的发展在内的全面素质的提高。新课程为了转变学生的学习方式,倡导自主探究、合作交流等重要的学习方式。这样的学习方式让学生有了一个积极参与和思维的活动,经历了一个实践和创新的过程。但笔者在教学实践中发现,很多学生对这样一些新的学习方式显得不适应,或者不知道该如何去探究、如何去讨论、如何去活动。无论是何种教法和学法都有其内涵。如果教师和学生本身对教法或学法所知甚少的话,在课堂上为讨论而讨论,为探究而探究,为活动而活动,一哄而上,随意采用,这常常导致课堂管理"放得开,收不起",出现教师袖手旁观,学生放任自流的现象。正确可行的做法是,教师要真正学好新课程理念,理解把握新教法和学法的内涵,在课堂上帮助学生树立新课程理念,循序渐进地指导学生掌握和实践新的学习方式,只有这样学生才能真正成为新课程下学习的主人,也只有这样有效的课堂管理才能水到渠成。

其次,密切关注教学状态,进行有效的动态管理。课堂教学是在特定的时空内,面对的是几十个活生生的学生,新课程下教师在课堂上要能和学生平等对话,思维碰撞,情感互动,这是一个多因素彼此影响和制约的复杂动态过程,甚至还会出现意想不到的偶发情况。因此,教师在课堂教学过程中,应及时分析把握教学目标与课堂管理现状之间存在的偏差,密切关注学生学习的精神状态和课堂的气氛,把握好学生的心理特点;同时努力调控自己的情绪,运用自己的教学机智和教学魅力,因势利导确定课堂管理的各种新指令,作用于全班学生,在变化的课堂教学过程中努力寻求优化的管理对策来优化课堂教学。通过有效的动态管理,就会及时发现课堂教学存在的问题,就会减少或者避免课堂管理中出现的弊端,从而使课堂真正"动起来"和"活起来"。

教师能否有效驾驭课堂,能否有效管理好课堂,对课堂教学的成败至关重要。如果失去了有效的课堂管理,新课程改革的实施只能成为空中楼阁。目前,在新课程改革中我们要纠正忽视课堂管理的片面做法,不断探索新课程下课堂管理的新方法、新思路,对课堂进行有效管理。只有这样,新课程的目标才能得到真正落实;只有这样,才能构建出和谐而生长、民主而平等、灵活而互动的课堂。

总 结

通过本单元的学习,我们首先了解了与课堂管理有关的几个概念,初步对课堂管理有了一个大概的印象,在此基础上探讨了课堂管理的组成要素、过程,分析目前我们所面临的问题以及造成该问题的原因及后果,帮助教师认识到如果该问题得不到有效解决,将会给孩子带来什么样的后果,使教师懂得"以学生的发展为中心"、"以人为本"的理念不只是挂在口头上,而是要真真切切地落实在行动上。

从我做起!从现在做起!我们的教师要明白自己在课堂管理中的职责和

作用,通过自己的努力,使课堂物的环境和人的环境发生一定的改善,注重自己在课堂管理中的角色和行为表现方式,创设以学生为主体、以教师为主导的课堂教学环境,使学生能平等参与并激发其兴趣、发挥其主动性和创造性。

本单元的学习只是帮助你对课堂管理有一个浅显的认识。但我们也不能把课堂管理当做是课内45分钟的事,而忽视了课外对学生的关心和了解。有效的课堂管理必须建立在对学生充分了解和师生密切交往的基础上,它必须延伸到课前课后的师生交往和学生的学习生活之中。平时是基础,教师要在平时多方位观察学生,准确把握每个学生的特点、兴趣爱好和学习需求,在平时加强学习规则的指导和学习习惯的培养。要牢固树立"以学生的发展为中心"的理念,尊重学生,关心学生,建立和谐的师生关系,为课堂管理奠定良好的基础。

单元11 复式课堂中的师生角色

　　随着现代课堂活动方式的变化，师生角色也由原先单一死板的模式变得丰富而有活力，在复式教学的特殊情境中，师生角色则更为丰满，而且富有挑战力。

学习目标

　　学习完本单元后，你将能够：

- 说出当代复式课堂中存在的互动关系
- 从不同角度剖析课堂中师生各自的角色
- 说出师生各自角色的作用

学习内容

　　本单元包括以下内容：

第1节　观念的转变

第2节　复式课堂中特殊的师生互动

第3节　定位师生角色

学习时间

　　本单元的学习需要三个学时

你需要的材料

　　这部分的学习，你需要准备以下材料：

- 现代汉语词典
- 笔
- 纸
- 一年级、二年级语文或数学教科书

第1节
观念的转变

在你的复式课堂中,应该有过这样的经历:低年级同学先写作业并且用一套规定"哑语"进行交流,老师对高年级同学讲课,若干分钟以后,老师给低年级同学讲课而高年级同学写作业,再若干分钟后,老师再给高年级讲课,低年级同学写作业。如此这样两三次"动静搭配"后,一节复式课堂就有条不紊地结束了。

这种复式课堂已在我国有着多年的传统。在这种课堂中,教师和学生分别作为"控制者"与"被控制者"共同协调完成课堂学习任务。教师在左右轮换的演说中控制着课堂,学生则被有声的或者无声的权威所控制,不能有任何违背教师意愿的行为,否则就会"破坏课堂纪律,影响别人学习"。

即使现在,这种课堂仍然有着强大的生命力,随时随处可见,你可以自我反思一下,你是否在某种程度上也这样做过?这种课堂有弊端吗?有的话,弊端是什么? 你是否想过要改变这种情况? 你是怎么做的?

请将你的观点写在下面的空白处:

在这种课堂中,教师拥有绝对的权威,其角色是根据各年级的教学内容和教学目标,安排"动静"的时间分配,以"直接教学"和"课堂作业"的形式将两个年级的教学任务交替完成。学生则要服从教师安排,其角色与教师课堂"动静"安排一致。在静态作业时需安静地完成任务,不得发出声音影响教室另外一半教师和学生的课堂教学,需交流的时候,最好是用无声的手势语交流。在动态教学中,就安心接收教师对教学内容的讲解。很明显,久而久之,在这种课堂教学中,学生活脱的天性被压制,学习的主动性受到影响,质疑能力减弱,学习过程不断受到干扰,效率下降。

学生信息渠道已经拓宽是值得关注的。在古代,社会生产力落后,信息流通渠道狭窄,学生新信息的来源多数只限于长辈和教师。因此,除家长之外,教师自然成为学生学习时的权威人物,也就是教师首先拥有知识权威。但是,在现代生活中,学生的信息来源已经很广泛,他们也可以从除教师以外的其他渠道获得信息,课本的信息可能已经不能满足一些学生的需求,也使他们极有可能获得与教师不一致的信息,这就使他们产生怀疑。教师所拥有的知识权威在很多情况下受到了挑战。如果教师还是一味强调"教师的权威"而忽略了学生质疑的品质,这对教育来说,将是很大的灾难。

你能尽量多地写出学生除课本知识以外的信息来源吗?

请将你的想法写在下面的空白处:

为了迎接这些挑战,教师除了努力拥有更多的知识来满足学生对信息的需求之外,更好的办法是改变给学生教知识的方法,也就是让学生自己去讨论、合作、探究,教师负责为他们提供环境、提供方法。这就是现在所倡导的合作探究学习法。

在这种课堂教学中,师生的角色与传统的角色相比已经有了天翻地覆的变化,下面的分析活动将帮助你更好地理解这样的课堂。

活动 11.1　作个小对比

观摩一节成功的以小组活动为教学形式的小学课堂,请仔细观察研究课堂中教师和学生在不同的环节中扮演什么样的角色?再和本节开头描述的那种传统课堂作个对比,完成表 11-1。

表 11-1　师生角色对比

时间	活动简述	师生角色描述	
		观摩课堂	传统课堂

　　完成这个表格之后,对你有什么启发?在复式课堂中,你能做到吗?如果你要这样做,你可能会碰到什么困难?

　　请将你的想法写在下面的空白处:

实践应用

　　课堂进行的小组活动教学形式实质上采用的是活动指导的教学策略,也就是说,教师是通过对学生独立从事操作或实践活动进行组织、引导来促进学生学习,而不是通过单纯的讲解来促进学生学习。从学生学习过程看,可以是体验活动、探索活动,也可以是解决问题的活动。从活动的组织形式看,可以采取个别活动、小组活动,也可以是整个班级全体参与的活动。而教师对学生的指导则不只是教师参与活动其中对学生进行直接指导,更多的是通过模拟、演示、提示等方式进行间接指导。

　　在采用小组活动形式进行教学时,教师要注意做好以下几个环节:

　　首先,教师要根据教学内容以及学生已具备的经验水平确定活动主题、目标、内容、组织方式以及时间分配。特别是确定活动方式时要考虑学生的年龄特征。一般来说,对于小学低、中年级学生来说,较适合选择音乐、游戏、竞赛、模仿、观察、手工制作等活动,而对于高年级学生来说,就可以选择小组讨论、查阅资料、调查访问、科技制作等活动。

其次,教师在考虑到以上因素时,还要充分考虑学生活动应具备的物质条件和信息条件,如开展活动所需要的材料、工具、场所以及学生可以通过哪些途径获取必要的学习资料和学习信息。

最后,在组织学生活动的过程中,教师首先要使学生明确活动的主题、目标以及内容,并尽量通过有趣的话语、故事、谜语、讨论、观察等方式引入课题,或者师生共同商讨、修订学习活动设计,以激发学生的学习动机。然后,在学生自主活动展开后,教师要谨记将学习主动权交给学生,启发学生独立思考、引导学生合作、鼓励学生创新、允许学生失败,让学生在与别人共同完成任务的过程中体会团结、合作、倾听、练习、模仿等因素的重要性。

理论讲堂

教学策略是为了达成教学目的、完成教学任务,在对教学活动清晰认识的基础上进行调节和控制的一系列执行过程。要理解其内涵,需要明确以下几点:首先,教学策略包括教师对教学过程中的因素、进程等内容的思考过程,教师对教学活动中师生相互作用的方式、方法和手段的执行与调控过程,教师对教学方法的执行过程,以及教师对整个教学的反思过程。第二,要将教学策略与教学设计、教学方法区别开来。教学策略的选用必然要考虑具体的教学设计和教学方法,而教学设计和教学方法最终的落实情况则反映了教学策略的选择情况。教师进行教学设计时必须考虑教学方法的选用,使用哪种教学方法则体现在教学设计中。教学策略是教师在现实的教学过程中对教学活动的整体性把握和推进的措施,而教学设计和教学方法是更为详细具体的教学作为,因此,教学策略在教学活动的层次上是高于教学设计和教学方法的。第三,教师制定、选择与运用教学策略时要全面考虑教学活动的全过程,要兼顾教学目标、教学内容、学生状况以及现有教学资源等各方面情况,以保证教学有效有序进行。

　　根据知识的类型分类,教学策略可以分为陈述性知识的教学策略、程序性知识的教学策略和策略性知识的教学策略。陈述性知识是指个人具有的有关"世界是什么"的知识,是静态的(不变的)事实信息。陈述性教学策略就是由教师将这种相对静态的陈述性知识以一定的方法和手段,向学生传授和灌输。这种策略一般应用在描述性的、概念类的、原理公式型的知识和信息的传授中。如果陈述性知识表达的是"世界是什么"的话,那么程序性知识表述的就是"世界如何成为这样"。程序性知识教学策略就是教师通过学习技巧的传授、思维方式的引导和程序性知识体系的架构,使得学生能够建立起一种行之有效的学习方式、方法,构建起整合知识和信息的模式。策略性知识则是个体知识结构的最高层次,它是关于如何学习和如何思维的知识、如何使用陈述性知识和程序性知识去学习、解决问题的一般方法和技巧,即"如何学习"的知识。策略性知识的教学策略就是教学生"如何学"的教学策略,例如如何阅读,如何监控,如何调整自己的学习进程、风格等。

　　根据教学的方式分类,教学策略分为讲述策略、对话策略和活动指导策略。而这三种策略从其方法和技术角度考虑,又可归属于指导的教学策略和发现的教学策略两大策略。其中,前两者归于指导的教学策略,最后一个归于发现的教学策略。表11-2可以更清楚地表明两大策略的异同和长短之处。

表11-2　指导策略与发现策略的异同

指导的策略	发现的策略
·主要通过教师的讲授、指导	·主要由学生自己领悟、发现
·要求教师是教学过程的主角	·要求学生是学习过程的主角,教师则只是去诱发、引导
·主要以教师对教学目的的理解和对教材内容的分析为基础	·主要以学生原有的知识经验为基础
·主要受任教人员的能力水平所制约	·主要受学生的认知结构和智力水平制约
·按原定的统一的教学目标评定学习结果	·比较学习结果和学生原有水平评定
·强调获得知识结果本身	·强调获得学习知识的方法
·强调外部动机	·强调内部动机
·适用于集体教学	·宜用于小组教学

　　小组活动方式的教学使用的教学策略,从知识角度说,非常有助于程序

性知识的教学和策略性知识的教学,从操作的方式方法角度说,则属于发现的策略中的活动指导策略。应用这种策略,其优点很明显,主要在于:学习时学习者自己动手动脑,这样所学知识一般更为牢固,也更利于应用;通过学习懂得怎样思考、怎样获取知识和解决问题,从而使学习者能掌握一定的认知策略,即策略性知识;教学无固定程式因而显得生动活泼,这就易于激发学生的好奇心和探究心理,使之产生更强的学习兴趣;它能使学生的逻辑思维得到锻炼,有助于发展学习者的智力;它会使学生减少对教师的依赖和对书本的迷信,有助于培养学习者的独立性和创造性。

　　但是,使用这种策略也常常带来一些问题,主要有:这种策略要随情境的千变万化而去加以灵活应用,一般教师常感到难以掌握;实际操作中难免偶尔驾驭不当,这时就会变成“放野马”,这不仅使学习所获甚微,还会挫伤学生的学习积极性,故教学上该策略在一定程度上有失控的危险;发现过程中,因学生个别差异,主要是智力水平和个性特点的不同,常会发生干扰其他同学思路的情况;发现过程中常会因纠缠于细节问题而大大减缓了教学进度。所以,该策略的使用对教师的要求较高,教师在教学设计过程中要做好充分准备,避免课堂失控现象的出现。

第 2 节
复式课堂中特殊的师生互动

　　要打破传统的课堂,就需要打破单一的教学形式,同时打破单一的师生角色,就需要学生和学生、教师和学生之间的“互动”。你是怎么理解“互动”的?

　　请将你的观点写在下面的空白处:

词典中又是怎么解释"互动"的？能和你的理解作个比较吗？

请将你的想法写在下面的空白处：

在教师教授学生被动接受的传统课堂中，课堂互动的程度非常小，或者说根本不存在所谓的"互动"。但是在现代课堂中，强调学生要活动，在活动中学生通过合作与交流，提出问题，研究问题，解决问题，在这样的过程中促进学生与学生之间的互动，教师与学生之间的互动。简单说来，如图11-1所示：

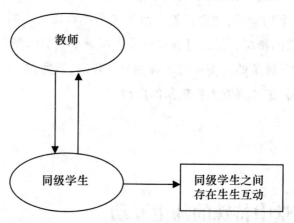

图 11-1 单式班互动

从图中可以看出，单式班级存在两种互动，即学生与学生之间的互动，以及教师与学生之间的互动。现代教学中特别强调课堂中的"互动"。"互动"是怎样安排的？"互动"的程度如何？"互动"的效果如何？这已经成为评价一节课成功与否的一条重要标准。但是，单式班级的互动存在一个前提，那就是假设学生的学习背景是相同的，即使有差异，那也只是比平均水平略高或者略低。这样，相比复式教学来说，这种"互动"的设计和操作要容易得多。

　　但是,复式教师却不能因为复式教学中的"互动"设计的复杂性和操作的难度大而重新回到老路上去:将教室分割成两半或者三分天下,高低年级各占一边。教师在上课时先给低年级同学教课,高年级同学自学,然后再倒过来。或者,顶多多倒上几个来回,也就是以前常说的"两动两静"或者"三动三静"。虽然这是无奈之举,而且这样的安排课堂似乎也很有条理,但是,这样的"动静结合"很明显将本应由某一级学生享有的 40 分钟平均分给了两个年级或者更多,学生的有效学习时间显然被切掉了一大块,更不用提声浪干扰对学生学习效果的影响了。

　　解决的办法是什么呢? 那就请复式教师们也试着在复式课堂中设计出各式各样的活动,将高低年级同时拉进教授活动或者学习活动中。这样,学生们同时活动,同时学习,40 分钟的课堂时间将不再对半切割,而是不同年级同时使用这 40 分钟。在这种活动中,学生的学习是在各自的背景上进行不同的学习,获得的知识也是建立在自己的背景之上。让复式课堂的学生们也动起来,让复式课堂也出现"互动"。

活动 11.2　画出互动图

　　画出复式课堂的互动图,这将帮助你更深刻地理解课堂中师生、生生关系。请将师生之间的互动关系填入图 11-2。

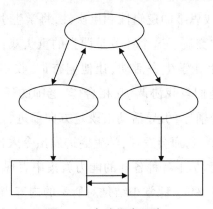

图 11-2　复式课堂互动

从图 11-2 中可以看出,在新复式活动课堂中,存在以下几种互动:教师与高年级学生之间、教师与低年级学生之间、高年级与低年级学生之间、高年级与高年级同级学生之间以及低年级与低年级同级学生之间的互动。

实践应用

任何一种课堂模式的实施都有其基本环节(或者称为操作程序),复式课堂的互动虽然复杂,其操作也仍有环节可循。以下的建议虽然不能囊括所有课堂的变化,但也希望能给各位老师提供一些启示。

确定目标,问题引路。该环节的目的是让学生明确本节课应该掌握什么内容和应该达到什么标准。老师可以向学生给出概念名称,可以向学生描述一个令人困惑的问题情境,可以让学生自己描述他们正面临的情境和所要谈论的话题,也可以直接向学生说出课堂的目标等等,只要问题能够吸引学生的注意力、能启发他们的思考、能挑战他们的信心和能力又能引起他们的好奇和兴趣,就达到这个环节的目标了。

思考探索,质疑问答。在这个环节中,老师要善于倾听,善于捕捉学生的疑问、困惑以及他们思考的方式和策略,及时启发、引导和点拨他们,让他们将新旧知识、纵向横向知识相互联系,在头脑中形成"假设—推翻假设—再假设—再推翻—确立假设"这样一个波浪式过程。这个过程中,老师可以不断提问,可以让学生去完成任务,可以给他们新信息和资料等等,此环节的目的是帮助学生形成思维的逻辑性和层次性,将学生引向某个方向。

小组活动,集中交流。这个环节是课堂的重头戏,在完成了前面的铺垫工作后,老师就放手让学生去活动,让他们查询、收集资料、讨论、争辩、试验、游戏、竞赛,让他们自我协调、互相合作,老师的任务就是走进各组倾听和观察、给予帮助和辅导,引导活动沿既定方向前进,控制活动节奏,处理突发问题等等。这时候,老师会发现,学生会迸发出令人惊讶的思维火花,最具创造性的思维成果和学生各种各样的能力就集中表现在这个环节内。

课堂小结,及时评价。课堂小结是对所学的内容当堂进行概括、归纳,使教学内容作为一个有机的知识体系纳入学生的认知结构中。小结时既要指向学习内容，又要对学生的学习态度、思想状况、行为表现等进行适当肯定和批评。小结时不只是老师小结，学生也可以自我小结。小结时不管是批评还是鼓励，都要用一种尊重、理解、宽容和欣赏的眼光对待学生，让他们增强信心，并对学习产生浓厚的兴趣。

理论讲堂

互动教学其实古已有之，并不完全是今人的创新。两千多年前，孔子就提倡"多闻、多见、不耻下问"，让学生相互观察、共同思考、一起探求知识，取得进步；孟子说"君子引而不发，跃如也；中道而立，能者从之"，提示老师的引导要适可而止，避免包办代替，颇有互动教学中的"自主探究意味"；《墨经》指出"唱和同患，说在功"，强调了教师要和学生互相有唱有和，已经意识到师生主体地位以及二者之间的相互作用；《学记》的要求更加明了，要求教师要"道而弗牵，强而弗抑，开而弗达"，教学中要"相观而善之"，即要求师生应借助集体的力量学习，相互切磋，相互促进，达到彼此学行之完善。西方哲人苏格拉底的"精神助产术"，通过问答、交谈、争辩、诱导或暗示等方式把存在于学生内心的知识引导出来，其价值就在于强调调动学生的思维，培养学生的主动性来完成教学任务。柏拉图和亚里士多德也都继承了这种互动意义的教学方式，反对注入式教学。

随着时间的推移和教育的发展，很多学者从哲学、社会学和心理学的不同角度，为教学互动提供了相关的理论基础。如今提倡的互动教学便是基于多种理论的产物。

需要动机理论。马斯洛的需要动机理论认为，人的行为的内部推动力量就是需要，人除了最基本的需要外，还有不断发展和生长的内在需要。人要发展自己，就需要与他人进行交往和交流，这些交往和交流可不同程度地激发学生学习的动机。教学要重视学生成长的需要，遵循学生的年龄特征和认知规律，为学生提供交往和交流的机会，引导学生克服和消除各种心理障碍，形成学生的学习动机和兴趣。

群体动力原理。群体动力学的研究为课堂互动提供重要的启示。该理论认为，群体是有意识调整了的两个人或更多人的行为和各种力量系统，群体成员之间互相依赖，由共同的目的、协作的愿望和必要与充分的信息等要素构成，是一个密不可分的整体。群体动力则来自于三个方面。一是班级群体内部成员具有不同智慧水平、知识结构、思维方式、认知风格，在互动合作学习中可以相互启发、补充、修正以产生新的理解和认识。二是互动合作能使学生学会倾听，学会理解，在思想与观念的交锋中达到统一与融合。三是互动教学能充分利用群体动力系统构建课堂教学中的多维人际交往，创设民主、平等、和谐的氛围，为学生提供更多活动和表现的机会。

建构主义理论。建构主义认为知识不是通过教师传授使学习者被动习得的，而是在一定的社会文化背景下，学习者以已有的知识、经验为基础，通过积极交流，主动探索，意义建构的方式获得的。建构主义者提倡交互式的教学，主张教师与学生、学生与学生之间进行丰富的、多向的交流、沟通，对信息进行有意义、创造性的加工。教师不再是知识的传授者，而是学生进行意义建构的促进者、合作者和引导者。

要充分体现课堂教学中的互动，以下几个原则和策略应予以注意。

主体性原则。学生是课堂的主人，因此教师一定要转变居高临下的传统观念，将其变为师生平等交往的关系，深入发掘教材，积极开发客场资源，了解学生的认知能力、思维状态和情感基础，制定有效的教学方略。尽可能为学生创设适宜的互动情境，给学生提供自主选择的空间和互动的机会，让学生将被动地接受知识变为主动地探索知识。

民主平等原则。民主平等的师生关系，是开启学生心智的钥匙。互动情境下的教学，教师不再是传统意义上的"传道、授业、解惑"单一角色，而是带领学生一起展开学习，发现和接受真理的组织者、参与者、支持者。互动中反对教师用自己的思维成果和书上的结论代替学生的独立见解，更不能用粗暴的方式来中断学生的思维过程，使学生因缺乏自己的独立思考而逐渐丧失灵性与个性。教师要注重支持而非批评，注重理解而非冷漠和评判，注重真诚而非表现角色。

自主探究原则。该原则要求教学要以培养学生敏锐的发现意识，务实的探究态度，大胆的批判精神为目的，以问题引发学生对教学内容独特的阐发、评价和质疑，强调从过程与亲历中获得新知和能力，注重由证据到结论的推理与思维。教学一般从提供背景、发现问题、解决问题和交流成果等几个方面来组织教学，还学习主动权予学生，让他们自主观察与发现，独立思考与研究，凭借自身经验、知识、智慧、合作来寻找答案。同时，教学还关注学习过程的愉快和轻松氛围，实现学习的自主化、自由化和实效化。

尊重差异原则。该原则要求教师要根据学生的实际采用分类指导、分类要求，为不同特点和层次的学生提供互动学习的条件与可能。对于学习困难的学生，以"扶"为主，"扶放结合"，设置较低目标，采用心理疏导、方法训练、角色尝试等方法；对于学有余力的学生，选择具有新颖性、争议性和挑战性的学习内容；关注性格内向、不善言谈的学生，给予鼓励，给予独立思考和充分表达的机会。

第 3 节
定位师生角色

你已经从事了多年的教学工作，你的课堂可能已经有了许多程式化的东西。那么，回忆一下你的课堂和观摩过的其他老师的课堂，从教师传授知识的角度出发，你认为课堂基本环节有哪些？

请将你的想法写在下面的空白处：

课堂任务的完成需要教师和学生双方的配合，在不同的课堂环节中，教师和学生需要分别完成自己的任务，而在完成任务的过程中就形成了各方面的"互动",在这些"互动"中,教师和学生又分别扮演着不同的角色。下面,一起来在这些活动中分析这些角色。

> ## 活动 11.3 分析师生角色
>
> 在不同的教学环节中,教师和学生分别要做些什么工作? 在这些工作中他们分别担任什么角色? 请仔细分析,尽量全面地将它们描述出来,填在表 11-2 中。

表 11-3 分析师生角色

描述 / 环节	做什么		什么角色	
	教师	学生	教师	学生
导入				
活动				
作业布置 指导批改				
评价				

实践应用

要完成这个表格非常简单,对这些角色进行理性分析就可以了。问题在于作为复式教学的一线教师,要实实在在地做出来将非常困难。希望下面的建议会对你有所帮助。

首先,改变自己已有的观念,储备更多的知识和技能,站低一点从学生的角度并且是从不同级别的学生角度去看问题。

第二,仔细地研读学生的教材,想办法为他们提供活动,提供探讨的机会,向他们提出一些问题,让他们自己去找答案,或者你向他们提供找到答案的路径和方法, 然后你可以作为强有力的评判者和督促者以及冷静的观察者参与其中。这样,既减轻了你的工作量,又提高了学生的学习兴趣。

第三,随时留心观察,或者向学生调查,看看自己所采用的方法是否奏效。如果奏效,确认哪部分工作完成得出色,把它们记录下来并给予自己奖励;如果没有奏效,反思问题出在哪里,然后将它们也记录下来,认真思索或者向同事请教,寻求改进的方法。慢慢地,你就可以进入新的角色进行工作,并且会做得非常出色。

最后,你对自己角色的定位会影响你的教学方式,而你的教学方式又会影响学生的学习方式。只要你有所改变,你的课堂就会有所改变,你的学生也就会有所改变。

理论讲堂

关于教师的角色,我们从不同的角度出发,就有不同的阐释。从其职业角色来看,教师就兼有社会的代表、知识的源泉、裁判员或法官、辅导者、团体的领导者、朋友、灵魂的塑造者、学生心理的保健医生等不同角色。但是从教学活动的角度来看,就有一定的范围了。许多学者对于教师角色的认识都是建立在期望基础上,即教师应该是什么角色。这对于有效发挥教师作用是有引导作用的,然而教师角色作为完整的认识对象,不仅是"应该"和"必须",而且是"可能",应根据现代教学的性质和教师的特点来客观地加以认识。现代教学活动不仅是师生的文化授受活动,而且是师生的相互交往活动、情感交流活动、教学共同生活的创造活动等。教师作为主体,其作用的客体为教材、学生个体与集体、自我、教学活动,同时教师还作为客体为学生主体所认识。

学习者和学者。教师首先必须是一个学者,要学习教材、了解与教材相关的信息,向学生讨教,要以严肃的态度来研究教材、处理教材,把知识客体内化为自身的主体结构。此外,教师还要不断学习,更新自己的知识结构,以便使知识建立在更广的背景之上,适应学生的整体发展需要。

知识的传授者。教学的基本矛盾是知与不知,知之不多到知之较多、知之完善的矛盾。这一矛盾的正确解决是解决教学矛盾的基石。在解决这对矛盾中,教师无疑充当主导者的角色,学生是接受者的角色。只是作为传授者,古今有所区别,古代教师的传授,如前面提到过的,角色单一,只注重讲、诵、问、答,而现今教师的传授,需要打破这种单方向的传授,注重于学生的互动与交流,讲求传授的艺术性和创造性。

教学活动的设计者、组织者和管理者。教学活动是一种集体活动,要全面实现教学的整体功能,就必须精心设计、周密组织和科学管理。首先,教师是教学活动的设计者。教师要精心进行教学设计,要全面把握教学的任务、教材的特点、学生的特点等要素。其次,教师是教学活动的组织者,即教师在教学资源的分配(时间、内容、学生、资料等)和教学活动展开等方面上是具体的实施者。再次,教师是教学活动的管理者。教学管理是对教学要素及其关系进行系统调控,如学习态度、学习活动、学习习惯、学习质量的调控,以及突发事件的处理等。由于受传统教师角色的理解和教学方式的影响,教学活动管理这一概念曾一度被狭义地理解为单纯的"管制约束",而现代的教学管理应理解为"协调",协调课堂中学生与学生、教师与学生之间的关系的活动。

学生心灵的培育者。只有那些使学生能生动活泼地、主动地得到较好发展的教师,才是好的教师。这样的教师不但能教学生学习知识,而且还教学生学会学习;善于激发学生学习的热情,培养学生自主学习的能力和习惯,调整学生的不良情绪和心态;经常提醒学生仔细认真、勤奋、刻苦,培养学生良好的心理品质;善于发现学生的学习差距,关注学习成绩不佳的学生;并善于使学生相互帮助,形成良好的学习风气。

学生的角色也可以从下面几个角度考察:

学习者的角色。学生作为学习者参与课堂活动时,早已不是"配角",而是以"主角"的身份主动地以单独或群体的形式来进行学习活动。在各种讨论、游戏、竞赛活动中,他们自主地、开放地、积极地去探索、去尝试、去谋求个体创造潜能的发挥。

学生的主体性研究者角色。这里的研究不等同于严格意义上的科学研究,而更多地体现为探究的兴趣和过程。但这个过程中,要涉及提出问题、推断结果、制订计划、观察、实验、制作、收集资料、进行解释、表达及交流等各种活动,具有研究的性质。在这些活动中,学生作为一名研究者,会逐步学会科学地看问题、想问题、保持和发展求知欲和好奇心,在自身的基础上一步一步取得进步。

合作者的角色。教师教学设计的执行、课堂活动的组织和管理都需要学生的配合与合作才能够完成。同时,在小组中,学生共享专业知识,共同解决所遇到的各种困难,相互交流和鼓励,这个过程也需要学生之间的配合与合作。而且,通过学生与教师、学生与学生之间的合作,学生才能学会如何与他人合作,最终才能成为愿意合作也善于合作的人。

最后,互动与角色之间是密不可分的,一方面,角色的形成和扮演是在互动过程中完成的;另一方面,互动是角色之间的互动,互动的双方都遵循一定的角色规范而进行交往,如果一方角色失调,就可能使互动中断,或者改变原来的方向。教学过程本质上是师生角色之间互动的过程,遵循着一定的规律。在基础教育中,由于教师在知识经验、社会阅历上的成熟,教学互动中师生角色的实现就依赖教师自身对师生角色的定位及角色调整的方式,因此,教师要熟练地运用积极角色技能,提升自身的人格形象,成功地扮演相应角色,避免角色不清、角色紧张、角色冲突和角色失败的情况出现。

教师能否成功扮演好自身角色,还有一个重要因素不可忽视,那就是教师的人格形象的作用。教师的人格形象是教师在教育教学活动中的心理特征的整体体现,具体包括教师对学生的态度,教师的性格、气质、兴趣等。教育的力量只能从人格的活的源泉中产生出来,任何规章制度、任何人为的机关,无论设想得如何巧妙,都不能代替教师人格形象的作用。下面附件中所列的两类教师性格特征的比较,或许能对各位老师反思自己、定位自己、改变自己有所帮助。

总 结

　　亲爱的老师们,这一章的内容已经全部呈现出来。在这一章中,我们一起探讨了复式教学当中特殊的师生互动,并从这些互动关系中一起剖析了复式教学当中教师和学生各自承担的角色。我们都知道,成为一名复式教师很难,成为一名好的复式教师更加困难,因为要做到为学生提供丰富有趣的课堂、全面照顾到不同年级和不同层次的学生、出色地完成各种角色的任务等等都是非常困难的,但是,希望我们都能够不断地学习,不断地努力,让每一位学生都能在我们的帮助下取得进步!

附　件

表 11–4　两类教师性格特征比较表

有效能的教师	无效能的教师
合作民主	坏脾气、无耐心
仁慈、体谅	不公平、偏爱
能忍耐	不愿意帮助学生
兴趣广泛	狭隘、对学生要求不合理
和蔼可亲	忧郁、不和善
公正	讽刺、挖苦学生
有幽默感	外表讨厌
言行稳定一致	顽固
有兴趣研究学生问题	啰唆不停
处世有伸缩性	言行霸道
了解学生，给予鼓励	骄傲自负
精通教学技能	无幽默感

单元 12　复式班的课堂教学规则

　　课堂是师生教学活动的主要场所,课堂教学是教学的主要形式。完善教学管理、建立课堂教学规则,对于优化育人环境、维护正常教学秩序、保证和提高教学质量,都是非常必要的。

学习目标

　　本单元学习完后,你将能够:

- 进一步加深对复式班课堂教学常规的理解
- 根据实际情况制定出合理的教学常规
- 理解复式班教师应具备的素质,身体力行
- 明白并执行如何正确培养复式班的学生

学习内容

　　本单元将包括以下内容:

第 1 节　复式班教学常规的制定

第 2 节　复式班教师素质的构成

第 3 节　复式班学生的培养

学习时间

　　本单元的学习需要三个学时

你需要的材料

　　这部分的学习,你需要准备以下材料:

- 纸张(能写字画图即可)
- 黑板或硬纸板(可用废弃的烟盒、药盒等替代)

第 1 节
复式班教学常规的制定

复式教学常规是复式教学的规矩,是复式教师的行为规范,它是复式教学外表化的表现。贯彻复式教学常规,加强复式教学常规管理是全面贯彻教育方针,提高教师的群体素质,大面积提高复式教学质量的关键。

教学常规的制定可以使复式教师知道除了要遵循单式教学的常规外,还应根据复式教学的常规要求,进行编班、排座、排课表和认真备课、上课、辅导、布置批改作业,然后再制订出新学期的教学工作计划和学科教学计划。你所在的复式班有哪些教学常规?

> 常规,是指沿袭下来经常实行的规矩和通常的做法。教学常规,从狭义上说是指在正常情况下相对稳定的教学准则和行为规范,从广义上说应该是在一定时期内,学校管理人员和广大教师所认同的规章制度、惯例和传统风气的总和。

请将你的看法写在下面的空白处:

你所遵循的教学常规修订过吗? 制定和修订以上教学常规的依据是什么呢?

请将你的看法写在下面的空白处:

你平时是怎么学习教学常规的？

请将你的看法写在下面的空白处：

活动 12.1　给自己一面镜子

根据你对复式班教学的认识,试着按照你的想法来重新制定或者修订现有的教学常规,使其更完善,更能促进学生的成长,提高复式教学质量。如果你所在的学校属于一校一师,那么把你的想法写出来;如果你所在的学校并非一校一师,那么请与其他教师分析讨论,然后总结出什么样的教学常规更适合复式教学。

实践应用

复式教学常规,主要是教务工作常规和课堂教学常规。如果条件允许的话,每学期初,中心小学可以组织全体复式教师进一步学习和探究教学常规,在学习讨论的基础上,不断修订和完善实施计划,通过学习,使大家的认识都有不同程度的提高。新的教学常规要指向学生的发展,让新课程理念走进课堂,用新课程的理念修订教学常规。比如在编班方面,在照顾学额多寡的条件下,用相邻或相间年级编班,消灭了年级、年龄相悬殊的坐在同一教室上课的现象。在排座方面,各班根据学生的身高、听力、视力、学习成绩、守纪及教室大小等情况来确定座次排列。在备课方面,精心设计教案,做到复式复备。课堂教学上,动静次数恰当,过程有序,时间搭配合理。

在贯彻实施复式教学常规过程中,还可以充分发挥教研活动的作用,中心小学要十分要重视并负责抓好复式教学研究,选派有一定经验的教师任复式教研组组长，每学期的教研计划中都安排一次全镇性的复式教学研讨活动。每片区又可以成立复式教学研究小组，做到年初有各小组计划，有科研专题，有科研成果小结，每月有复式教研例会，如每学期根据计划对复式教师进行一次培训。

复式教学多在信息不畅、交通不便的偏远山区。如果远离中心校，与其他教师交流不便，这就需要教师有较强的自觉性、主动性，教学工作的责任心、事业心。

总之，不管制定出哪种复式班教学常规，都要根据你班学生的特点和各自的学习需求以及教育规律和教学活动的需要来进行，促进学生学习的进步和复式教学质量的提高。

理论讲堂

课堂教学常规，是教师开展和处理课堂日常教学活动的一般行为方式，是教师的一种日常教学生活。确立教学常规，是完善复式班教学规范化管理，提高教学质量的重要手段。落实教学常规管理。复式教学与单式教学既有联系又有区别，要从备课、上课、辅导、作业、考查、质量分析等方面突出复式教学常规的特点，帮助教师逐步建立以下复式教学常规。

备课。备课是实现教学目标的基础，要求做到：(1)确定具体的教学要求，明确具体的教学目标。(2)突出重点，分析难点，设计出突破难点的方法。(3)紧扣教学目标设计教学过程，在精心设计中既体现出改革教法，又体现出学法指导，并能科学地分层次安排课堂作业。(4)教案编写要规范，书写工整，思路严密，线路清楚，同步设计合理，教具、小助手协作得当。(5)不上无准备之课，一学期课时教案要与计划规定的总授课时数相符合。

上课，是备课的实施。要求做到：(1)教学目标明确，注意面向全体学生，知识传授、能力训练、思想教育三个方面的教学都要具体落实。(2)做到教学线路清楚，课堂结构严密，时间搭配合理，"同动"、"同静"交替有序。(3)教学要贯彻"小而精"的原则，突出重点，抓住关键，精讲巧练，举一反三。施教时要根据不同年级、不同对象、不同的教学内容,选择不同的方法。要坚持启发式,充分调动学生学习的积极性、主动性,使学生勤于动脑,善于思考,掌握学习方法,提高自学能力。(4)认真和正确使用小助手,充分发挥小助手在教学中的作用。(5)教师的教态要亲切、自然,仪表要端庄、大方,语言要清晰。坚持用普通话教学,板书绘图、实际操作及各项示范都要规范。特别是板书,要字体工整,条理清楚,不写错别字和不规范的字。(6)要注意培养学生课堂学习的良好习惯。要求学生能专心听讲,积极思考,举手发言。进行课堂作业时,能积极参加有关学习活动,独立完成作业,并能自行检查与订正;能服从小助手领导,听从小助手指挥,支持小助手工作;还要养成有声音干扰情况下,集中注意力进行学习的习惯。

作业。课内外作业是学习过程中复习、巩固所学知识、培养能力、发展智力和形成良好学习品质的重要环节。要求做到:(1)要十分重视课堂练习。课堂作业要认真设计,紧扣教学目的要求,分量要适应学生实际水平,形式要多样,有动脑想的,有动口说的,也有动手做的,能够启发学生积极思维。(2)对学生作业应该严格要求,作业本整齐,书写要整洁。(3)作业的检查和批改,可以根据实际需要,分别采取教师全批全改、面批面改、抽查或学生自查、小助手查、高年级学生查等形式。检查批改后,教师要认真讲评。

辅导。辅导是使那些未达到教学目标的学生通过补差达到目标的不可缺少的手段。要求做到:(1)要重视课外辅导工作。课外辅导与课外作业结合,从学生完成课外作业的情况中发现问题,进行辅导;集体辅导与个别辅导结合,对普遍性的问题进行小组集体辅导,个别问题进行个别辅导;辅导基础差的与辅导基础好的相结合,使基础差的逐步赶上,让基础好的得到充分发展;教师辅导与家长、小助手辅导结合,发挥家长、小助手在辅导中的作用。(2)从一篇课文教学的反馈,一个单元教学后的形式性测试中,发现缺什么就及时补什么。

考查。考查是对质量的检验。要求做到:(1)重视学生的平时考查,通过课堂提问、作业批改、实习操作等形式,检查教学效果。平时考查应有成绩记载。(2)对语文、数学学科要进行单元测试或者期终、年终考试制度,其他学科只进行期末、年终考试。考题要依靠教学大纲,难易适度,不出偏题怪题。

试题既要注意考查学生掌握基础知识和基本技能的情况，也要重视考查学生智能的发展水平。评分要客观公正。

质量分析。考查后的分析是质量管理过程中一个重要的环节。要求做到：(1)评卷后要搞好两种质量分析，一种是定量分析，要准确统计出平均分、及格率、优秀率。分档次统计，要分析各题的得分率；纵向比较，分析差生转化率和及格率，优秀率上升幅度。另一种是定性分析。用文字说明哪些基本知识和基本技能掌握得较好，哪些智能发展较好；存在问题及原因；改进措施等。

第 2 节
复式班教师素质的构成

教学常规第一关——熟悉教材深入备课，复式教师的素质如何已初见功底。有了常规制度，而没有高素质的教师队伍作支撑，常规仍然难以"常"起来。邓小平同志指出："一个学校能不能为社会主义建设培养合格人才，培养德、智、体全面发展的有社会主义觉悟的、有文化的劳动者，关键在教师。"提高教师素质，培养和造就一支高素质的教师队伍，是提高教育教学质量，推进素质教育的关键。你认为复式教师和单式教师的教学工作有哪些区别呢？

请将你的看法写在下面的空白处：

你所在学校的教师目前具备哪些素质？在哪些方面还存在不足？

请将你的看法写在下面的空白处：

你认为怎样才算是一个合格的复式教师呢？复式教师应该具备哪些素质才能更有利于复式教学的长久发展？

请将你的看法写在下面的空白处：

活动 12.2　我们是最棒的

组织学生开一个主题班会或者课堂小讨论,让学生说说自己喜欢什么样的老师,在什么样的情况下学生更愿意学习,学生心目中的老师需要具备哪些素质。

将班会上讨论的大致结果写出来,然后说说这样做对教师的教和学生的学会有哪些益处。通过这个活动使我们成为最棒的老师!

实践应用

如果你所在的学校是一校一师,你可以组织学生一起讨论,让学生做回"小老师",给自己指出优缺点,并让学生说出喜欢什么样的老师,愿意让老师进行什么形式的教学。你也可以同其他学校的老师讨论,将讨论结果付诸行动,最后让学生来评价老师在哪些方面进步了,学生是否对老师的课堂更满意了,是否更愿意学了。如果你所在的学校不是一校一师,上述的方法同样可以进行,最后的目的都是为了使教师明确复式教学在新课改中的意义、任务和目标,更新复式教师的观念,树立"以学生为主体,以学生发展为本"的理念。

通过讨论得出了你在某些方面的不足,这样就要进一步讨论如何才能变不足为优势。讨论得出了你在某些方面有优势,这有利于教学和学生的发展,也需要进一步讨论如何保持和更上一个台阶。

我们知道"教改的问题主要是教师的问题"。提高复式教师的素质是提高复式教学的关键,因此,提高教师素质势在必行。你可以根据以下几点参考建议进一步提高自身素质:首先,教师要树立正确的教育观、教学观、学生观。其次,教师要不断学习,努力提高自己的文化修养和业务水平。复式班教师还应结合教学的规律和特点,安排以下三方面的学习内容:一是要系统学习复式教学基本理论和技能,明确要求,规范教学,掌握规律,把握本质。二是钻研教材或新课程标准,把握教材的重难点、深广度。三是要学习现代教育管理知识。这就要求复式班教师必须掌握现代教育管理理论,明确教育教学管理原则和方法,在学习培训形式上应以自学为主,不拘一格,灵活多样。

提高教师素质很重要的一点就是开展不同形式的教师培训,帮助复式教学教师走出旧的教育模式的桎梏,以崭新的步伐投入教育改革的洪流。可从以下几个方面进行教师培训:

假期培训。利用寒、暑假对从事复式教学的教师进行系统的专业培训,重点解决思想认识、教育观念、教学方法等方面的问题。根据当地教学实际,可采用集中与分片相结合的形式。

集中培训。根据教育实际,将复式教学教师集中起来,进行以经验交流、课堂改革为主的短期培训。可以是示范课观摩、专题讲座、观看影像资料等,让复式课教师得到操作性极强的指导。

开展培训到家的送教活动。对此,可以从加强单、复式教学的互动与交流入手,实现教学资源共用。一是把优秀的单、复式教学资料通过各种手段、途径送到复式教师手中,并尽量为他们更新设备,备齐设施,使他们从心理上走出被遗忘的角落,实现教学设备共用;二是可采取"走出去,请进来"的办法,在尽量不耽误教学的前提下,让复式教学经验丰富的专家、教师作实地引导。

理论讲堂

复式教学不同于单式教学,相比而言,复式教学的难度要远远大于单式教学,它不仅对教师的知识水平、全盘操作能力有着很高的要求,而且承担复式教学的教师须有很强的独立性,即独立生活、独立工作等方面的能力。

长期以来,农村学校由于经济、交通、信息等等原因,很难分配到年轻教师,即使分配来,也是很难留住的。教学设备陈旧、缺乏,校舍简陋,教师从年龄、文化程度、教学水平上来说参差不齐,大部分为本地的中老年教师,甚至有一人一校"终身制"现象。这些教师与外界接触少,视野狭窄,教学观念落后,个别教师虽有改革意识,却又不知如何去钻研教学,探讨教法,他们凭老经验去教,一本教科书,一支粉笔,一张嘴成了他们永恒的教具。他们教得认真而辛苦,周而复始,收效甚微,可谓出力不讨"好"——课堂缺少生机与活力,教学质量不高。年复一年,日复一日,师生都在这"一潭死水"中死"教"书,死"读"书。

复式教师素质从不同的层面可以有不同的组成部分,可以从复式教师的"五性"来理解复式教师素质:

事业性:在复式教学工作中能热爱复式教学,钻研复式教学,一辈子不离不弃,做出伟大成绩。

多能性:一个合格的复式小学教师,必须具有多才多艺的素质,就是要懂教学,会管理,十八般武艺样样通。在教学中,既会教语、数、常,又会教音、美、体,既会教二级复式又会教三级复式、四级复试等;在一个单班复式小学里,既是教师又是校长、班主任、勤务长,里里外外一把手,前后勤一身兼,"身兼多职,一专多能"。

应变性:复式小学教师必须适应复式教学多种形式、多规格、多层次的要求。具备认识功能敏锐、灵活、快速的素质。具有较强的适应能力,掌握复式教学的多样性和特殊性。

创造性:复式小学教师必须不断地探索、追求。对复式教学工作进行大胆改进和创新,创造出自己独特的教学方法和风格。

坚韧性:特别是山区复式小学教师,应具备扎根山区,不怕吃苦,坚韧不拔的信心和决心。

此外复式教师的整体素质还可以主要表现在以下几方面:

独立钻研教材教法的能力。复式教学大多是一人一校,教师之间相互学习、钻研教法、探讨教法的机会很少。复式教师是一人把关,统揽全局。首先,要求教师必备驾驭多科教材的能力,明确各科总的教学目的、要求、特点、重点和难点。对各学科总的教学安排、教学措施等都要有条理清晰的宏观计划,对具体的每一节课每一章节的教学内容都要有周密细致的考虑。

复式教学教法是复式教师面临的第二大难关,其教法结构与单式班迥然不同。复式教师只有认真探讨教法,深化和改革课堂教学方法,向课堂教学要质量,才能完成和达到课标和教材规定的教学任务与要求。

具体管理校园与教学。复式教学地处偏僻乡村,校园一般与村寨相邻,教师既是校长,又是工友。怎样管理好校园,创造良好的教学环境,并自觉主动地进行自我教学评估,做好教学管理工作显得十分重要,是复式教师管理学校和教学才干的具体体现。

复式教学的管理与单式学校的教学管理有不同之处,其主要特点是:1.独立性。从校园的建设、教学设备的使用、保管到教学成绩的记载,家访工作、课外活动的安排都是独立完成的,没有他人协助。2.自觉性。教学、科研、校园管理、建设等各项工作,都靠教师一人在没有他人督促的情况下自觉完成,并能持之以恒,常抓不懈。3.条理性。复式教学是最小的教学点,学生不多,可教学程序及各项管理工作与普通学校基本相同,这就要依靠复式教师合理安排各项工作,做到井然有序。

加强自学,拓宽知识视野。复式教学的特殊形式,决定了复式教学的教师必须坚持不懈地进行自学,不断丰富自己的文化知识,全面提高自身的整体素质,以适应复式教学的需要。

在农村,复式教学占有一定的比例,在边远山区更是一种重要的办学形式。普及九年义务教育,提高全民族素质,赋予复式教学更高的要求,使提高复式教师的整体素质成为一项长期的、十分重要的工作。一般小学教师素质结构在本单元附件里向大家介绍。

第3节
复式班学生的培养

小学阶段是学生养成良好学习态度、学习习惯的重要时期。"少成则若性也,习惯若自然也。"可见培养学生良好的学习习惯,的确是基础教育的一项重要任务。学生有好的常规,教师才能更加轻松地对学生进行管理和教育;学生有好的学习习惯,学习成绩才会稳步提升。你认为复式班和单式班学生培养有哪些相同之处?

请将你的看法写在下面的空白处:

你认为复式班和单式班学生培养有哪些不同之处？

请将你的看法写在下面的空白处：

你认为应该如何对复式班学生进行常规培养？

请将你的看法写在下面的空白处：

活动 12.3　大手拉小手

组织你所在的学校或者学区的老师进行一次教学讨论，让老师们说说复式班的学生需要具备哪些素质，应该注意哪些方面的培养以及如何进行培养。将讨论的大致结果写出来，然后说说这样做是否符合复式班学生的发展，是否能够达到复式班学生的培养目标。

实践应用

如果你所在的学校是一校一师，你可以组织本学区的老师一起讨论，大家各抒己见，站在复式教学的特殊角度来分析复式班的学生与单式班有哪些相同之处，哪些不同之处，需要对学生进行哪些方面的培养，培养的重点是什么。如果你所在的学校不是一校一师，上述的方法同样可以进行，最终的目的都是为了使教师明确复式班学生的培养对于复式教学质量的提高有着极其重要的作用。

将讨论的结果付诸实践。你可以利用晨会及班队会的时间学习《小学生守则》和《小学生日常行为规范》，并在日常的学习生活中让学生根据《守则》和《规范》的内容对自己的行为进行一一对照,知道什么行为是对的,什么行为是不对的,自己应该怎样去做,使学生逐渐养成良好的学习和生活习惯。在课堂上对学生要严格要求,如上课应该怎样坐,怎样回答问题,怎样捧书,怎样握笔等都一一要求到位,并带着学生反复练习,强化常规的训练,便于学生更加专注地学习,使学生都具备良好的学习习惯,处处严格要求自己。

你还可以开展形式多样的活动,督促好的常规的形成。在班级中开展"规范标兵"的评选,鼓励学生积极表现,树立榜样。另外,在班级里设立小小监督员,负责每天的常规检查,既督促了其余学生努力遵守规范,又制止了一些不规范行为的发生,表扬每天做得好的孩子,教育做得不足的孩子,激励学生严格遵守常规。在日常学习生活中还要注意增强学生的班级荣誉感,让学生意识到班级是一个大集体,我们每个人都是这个大家庭中的一员。我们要努力为集体作贡献,注意自己的一言一行,因为自己的一系列表现都将牵涉到我们的班级,只有大家一起来努力,我们的家才会更加温馨。多关爱学生,多讲道理,增强集体意识,给孩子讲些相关的小故事,感化孩子稚嫩的心灵,让他们自觉做好孩子。这些无论是对单式班还是对复式班来说都是同样适用的。

此外,你还可以针对复式班学生知识结构参差不齐的特点,积极开展"以大带小,以高代低,互帮互学"的活动,既能创造良好的学习氛围,又可以大面积地提高学生的学习效率,锻炼学生的自学能力。复式班学生的自学能力的培养主要包括以下几方面:课前预习能力的培养;使用工具书能力的培养;独立完成作业能力的培养;独立工作能力的培养;阅读能力的培养;制作小学教具能力的培养;自我控制能力的培养。

理论讲堂

小学教育主要是养成教育,一个人能否养成良好的行为习惯和高尚的思想品德,关键在于小学阶段的教育。

在传统的复式教学中,学生作为"听"的角色比较重,表达自己的想法机会少,一些学生甚至没有发言的机会。在"同动同静"模式中,学生的角色发生了变化,学生既要听,又要说。同时,学生间既有合作,又有独创,不仅要把自己的观点讲清楚,而且要让互动成员接受,认同自己的观点,有利于学生语言素质和思维能力的培养。在民主、和谐的氛围下,学生的思想积极而又活跃,创新的火花更容易在交流中产生。特别是在异级学生间,有着不同的视角,不同的思维方式,在探讨共同的命题时相互启迪,相互诱发,相互推进,呈现多元化课堂思维。

"同动同静"模式为每一位学生都提供了多元化的成长空间,学生在活动中的角色是多元的,成长机会也是多元的,收获也是多元的。在多元的选择中,每一位成员都会获得满足感和成就感。高年级学生可以在帮助别人的过程中获得尊重,低年级学生可以在得到帮助的过程中体会成功,他们在互动、融合、合作、交流的学习活动中共享收获与快乐。

由于复式班是几个年级的学生在一个教室上课,教学采用"同动同静"的教学模式,教学中宽裕的"静"态教学时间为自学提供了有利条件,教师要合理利用这一潜在优势,善于培养学生的自我学习能力,能有效促进复式教学质量的提高。

复式班学生自学能力的培养可以采用以下途径和方法:

给学生布置好预习提纲,搞好课前预习。"同动同静"的教学模式有利于减少各个年级之间的干扰因素,教师要根据两个年级的不同特点来整合教材,要在一节课结束的时候把下节课的提纲给学生罗列出来,提纲中既要有新旧内容过渡的旧知识,又有通过阅读书本能独立完成的基础知识,还要有经过思考后产生模糊认识的新知识。让学生做好课前的预习工作,这样既可以锻炼学生的预习能力,又可以提高下节课的教学效率。

激发学生的学习兴趣,加强学习方法的指导。可以通过创设兴趣、制造悬念、寻找规律、演示操作等方法来导入新课,还可以在教学中利用儿童好奇好动的心理,根据学科的特点,开展必要的游戏、故事、竞赛等,把知识教育与活动结合在一起,通过活动激发学生在愉悦中理解和掌握基本知识、基本概念和基本技能。

根据教学需要开展互助教学。由于受时间的限制,复式班学生各年级接受直接教学的时间很短,大部分时间都是处于"同静"的状态。因此,可以在"同静"的时间里开展学生间有组织、有指导的互助活动,让各个年级的学生互相进行讨论和指导。讨论中学生可以相互启发,相互补充,共同找出正确答案。与此同时,在自习课和户外活动中,教师还可以指定高年级的学生担任小助手辅导低年级的学生学习,小助手们会把教师的委托视为对自己的无限信任,从而会尽心竭力地去完成辅导任务。

总之,好的常规并非一朝一夕就能形成的,需要教师在平时的学习生活中不断去培养,要坚持不懈,持之以恒,逐渐使优秀成为一种习惯。学生形成良好的习惯,教师的班级管理也会越来越轻松,并且这些好习惯的养成对孩子可是终身受益的,所以班主任一定要从常规抓起,抓好常规,这样你的班级工作才能更好地有序开展下去。

总　结

在素质教育的大背景下,课堂教学规则的一些常规要求较之于传统教学应该发生较大的变化。它应该与素质教育的教学目标、教学内容相适应,与素质教育的教师观、学生观相适应,与素质教育的教育环境、条件相适应,与素质教育下的学习方法、终身学习相适应。每一位任课教师都应该使自己的课堂教学行为符合课堂常规要求,并在教育教学实践中不断完善。

本单元的内容即将结束。你可以回忆一下我们本单元所讨论的几个问题,然后把你的收获、需求、建议写在下面空白处,此外还要根据自己的实际情况作出一个合理的行动计划,在今后的工作中对复式班课堂教学规则的制定和实施有什么想法和打算。

附　件

一般小学教师素质结构：

1.教学能力

教学是以课堂教学内容为中介的师生间教与学的共同活动，是学校实现教育目的的最基本的途径。主要包括以下四个方面：

(1)教学设计能力。包括其运用和掌握教材的能力、课堂教学设计的能力及板书和多媒体课件设计的能力等。

(2)教学实施能力。是指为了实现所设计的教学方案而灵活有效地组织教学的能力，包括言语表达能力、组织管理能力，及运用现代教学技术如幻灯片、计算机等教具的能力。

(3)教学监控能力。所谓教师教学监控能力，是指教师为了保证教学的成功，达到预期的教学目标，在教学的全过程中将教学活动本身作为对象，不断地对其进行积极主动的计划、检查、评价、反馈、控制和调节的能力。

(4)教科研能力。包括课题设计、制订方案、发现问题、教育反思、经验升华、开展教学研究、进行教育教学实验等能力。

2.教育观念

教师的教育观念是其从事教育工作的心理背景。教师的教育观念对其教育态度和教育行为有着显著的影响。树立如下正确的教育观念对小学教师是至关重要的：

(1)科学的人才观。学生千差万别，每个人的特点和专长都有所不同，而且，他们都处于成长期，可塑性很大。

(2)全面发展的教育目的观。全面发展的时代需要全面发展的人，全面发展的人要靠全面发展的教育来造就，全面发展的教育要全面发展的教师来实施。

(3)协调的师生观。新世纪的师生观应充分体现学生的主体性。学生不仅是学校教育中学习活动的主体，而且是学习型社会中的学习主体并贯穿终身。

(4)超前的发展观。随着"地球村"时代的到来,人类的学习方式和生活方式将发生彻底改变。开放的社会必然决定了新世纪的教育在时间上具有更大的连续性,在空间上具有更大的开放性。

3.知识结构

小学教师从事的教育对象是小学生,在小学阶段的学生身心发展处于起始状态,因此,小学教师应有的知识结构主要包括:

(1)本体性知识:是指现代人所具有的基本知识和所任教学科的知识。小学教师的本体性知识更强调其自身所具有的基本知识,小学教师应当具有较宽厚、扎实的文化科学知识,广泛了解人文、社会科学知识和法律知识,上知天文、下知地理;掌握自然科学的基础知识,懂得数学、物理、化学、生物等诸多方面的知识。

(2)实践性知识:是指教师在面临实现有目的的行为中所具有的课堂情景知识以及与之相关的知识。

(3)条件性知识:是指教师所具有的教育学与心理学知识。小学教师应该成为小学生学习的引导者、合作者,要利用教育理论和方法去研究怎样教、怎样导的问题。

(4)扩展性知识:是指教师自我发展所必需的基本知识,即有关学习方法、科研方法、信息技术等方面的知识。

单元 13　复式班教室环境的设计

　　教室是学生学习、生活、交际的主要场所,是教师授业、育人的阵地,是师生情感交流的地方。整洁、温馨的教室环境可以激发性情、陶冶情操,给学生以启迪教育。因此,教师有责任与学生一起组织、管理好教室,为学生营造一个安全、温暖、舒适、富有美感和启发性的学习环境。

学习目标

　　本单元学习完后,你将能够:
- 说出几种复式班教室环境设计的方案
- 说出几种座位摆放方式及优缺点并能合理摆放
- 熟练掌握复式教室的墙壁布置方法
- 在班上设计安排至少两个兴趣角

学习内容

　　本单元将包括以下内容:
第 1 节　复式班座位的摆放
第 2 节　复式班墙壁的布置
第 3 节　兴趣角的创设

学习时间

　　本单元的学习需要三个学时

你需要的材料

　　这部分的学习,你需要准备以下材料:
- 纸张(能写字画图即可)
- 黑板或硬纸板(可用废弃的烟盒、药盒等替代)
- 学生的各种作品
- 书、杂志、报纸、地图等

第 1 节
复式班座位的摆放

在复式班里,由于不同年龄、不同年级的学生在一起上课,各年级人数有多有少,学生身材有高有低,教室面积有大有小,桌凳式样也不一致,因此要妥善安排学生的座位。实践证明,座位安排是否妥善、适当,对教师的讲课、辅导,对助手的工作和维持课堂秩序等方面,有着直接的关系。如果座位排列不适当,就会相互干扰,影响课堂教学质量。

> 苏联教育家季亚琴科认为,在集体教学中,不同的座位编排方式对学生的学习态度、课堂行为、情感交流以及整个教育活动都将产生不同的影响。

你的班级是几级复式?现在的座位摆放是什么样的?请在空白处写出来或者画出来,一定要标明不同年级所坐的位置:

你这样做的依据是什么呢?

将你的想法写在下面的空白处:

你觉得复式班教室的座位摆放还有哪些方法？

将你的想法写在下面的空白处：

活动 13.1　我来摆一摆

根据你对复式班座位摆放的认识,试着按照你的想法来对学生的座位进行排列。把你的摆放方式画出来,如果你所在的学校属于一校一师,那么分析一下你的这几种摆放方式的优缺点;如果你所在的学校并非一校一师,那么请与其他老师分析讨论,然后总结出哪一种或哪几种是最合适的。

实践应用

通过自我反思或者与其他老师进行讨论, 罗列出几种你常用或者有想法但没有实施的复式班座位摆放方式。你可以大胆地尝试你的想法,由于复式教学是不同的年级、不同年龄的学生在一起上课,所以排座的时候就要考虑学生的不同特点和要求以及教学内容的需要。你也可以让学生自己去选择座位,谁愿意坐哪儿就坐哪儿,允许不同的年级交叉坐在一起,这样的话便于进行教学和小组讨论。小组讨论在教学中是个非常重要的环节,根据新课改的要求, 在教学中以教师为中心的教学模式要逐渐转变为以学生为中心,要鼓励学生进行讨论,表达自己的想法,从而提高小组合作能力。在复式教学中以学生为中心的课堂教学显得尤为重要。

新课程理念倡导以儿童为中心，在学习方式上强调主动参与和合作探究。那么复式班里的座位摆放就应该按照新理念的要求来进行，座位的摆放应以有利于小组讨论为出发点。目前就复式教学来说最有效的摆放方法是"小饭桌式"：可以同一年级坐在一起，也可不同年级交叉坐。如果你的班级是两级复式的话，而且两个年级人数不太多，座位相对来说好安排一些，让学生自由选择分组坐成"饭桌式"，两个相邻年级的学生在年龄和学习内容方面相差不是太大，坐在一起可以相互交流，不会产生太大的分歧。如果是三级或者三级以上的复式班，可以相同的年级坐成小饭桌，也可以不同年级相互交叉坐在一起。这时候你就得考虑各个年级学生各自的特点，比如学习成绩、爱好、学习方式等方面的不同，要把具有相似特点的学生安排在一个小饭桌，相互之间和谐共处，便于教师对课堂的管理。

此外，安排小饭桌也要考虑到教师讲桌的摆放位置，如果你把教室空余场地安排成圆形或者正方形，这时候就要考虑到教师的行走路线是否受到学生座位摆放的阻碍，教师是否能照顾到全体同学，是否便于进行课堂游戏，活跃课堂气氛，进一步增进师生、生生之间的互动。

总之，不管采用何种座位摆放方式，都要根据你班学生的特点和各自的学习需求以及教育规律和教学活动的需要来进行多种多样的座位组合，最终是要能促进学生之间的讨论和交流，促进学生学习的进步和复式教学质量的提高。

理论讲堂

复式教学的排座是在复式班的教室里，根据不同的年级、不同年龄的学生的情况、不同教学活动的需要以及教室的条件，妥善地安排学生的座位。复式班座位的安排是否恰当，与教学的关系极为密切。如果座位安排得好，讲课、辅导都能顺利进行，教学质量得以提高；如果座位安排得不好，各年级学生互相干扰，教学质量必然受到影响。

孩子生来大多都具有很强的好奇心，喜欢讲话和大家分享一切，因此，小学阶段是培养儿童小组合作学习的最佳时机，应该在这个阶段培养他们轮流发言、与同伴分享想法和倾听他人发言的技巧。新理念打破了传统的"动静结合"模式，采用"同动同静"的新模式，教师就需要转变教学观念，在传统的座位摆放的基础上探索新的座位摆放方式。传统的教学组织形式往往采用纵列式、横列式、背向式、异向式、块块式和活动式等编排座位(具体解释及比较见本单元附件)，来适应"动静结合"教学的进行。通过教学我们可以得出一个结论：没有一种座位摆放方式是万能的，不同的摆放方式有其自身的优缺点，要灵活掌握和利用不同的摆放方式。此外，这些形式限制了学生学习的主动性、互动性和多样性，影响了复式班学生的发展。

　　"同动同静"模式提倡的小组讨论即小饭桌的排座方式就能够使不同年级间的学生能有效地进行互动学习，实现师生、生生间的互动，从而促进学生的发展、教学质量的提高。把学生编排成一些活动小组，座位安排为小饭桌式，从空间上给予一定的调整，使孩子们乐于彼此进行交流、倾听、解释、思考他人的观点以及自己进行反思，使师生之间的沟通以及生生之间的沟通变为双向、多向、互动的。所以，形成一个小而精的活动小组是非常必要的。

第 2 节
复式班墙壁的布置

　　学生每天一走进教室都会面对墙壁，因此谈及教室环境的设计，必须要面对的就是墙壁布置问题。教师要充分利用墙壁的空白空间，让每一面墙壁都能"说话"、"说好话"，充分发挥环境的教育作用。你的教室的墙壁现在是什么样子的？由谁来设计、布置的？为什么要那样做呢？除此之外，你还见过其他的教室布置吗？

　　将你的想法写在下面的空白处：

你觉得教室墙壁怎样布置才能有助于学生学习与发展？

将你的想法写在下面的空白处：

活动 13.2   我们的墙壁会说话

组织学生开一个主题班会或者课堂小讨论,让学生说说自己喜欢什么样的墙壁,喜欢用什么道具来装饰自己的教室墙壁。

将班会上讨论的大致结果写出来或者画出来,然后说说这样做对教师的教和学生的学会有哪些益处。

实践应用

如果你所在的班级是高年级,学生能明确表达自己的看法,你可以通过开班会和主题讨论的方式来进行。如果你所在的班级是低年级,学生对墙壁布置了解不多,或者是不能明确表达自己的看法,那么你可以利用课堂时间或者课下时间与学生聊天或者游戏,慢慢引导他们对教室的墙壁布置说说自己的观点。通过讨论可能会得到不一致的观点,没有关系,大家都是独立的个体有其独特的观点是正常的。

你可以总结出班会上讨论的大致观点,对教室进行重新布置,让教室的每一面墙壁都会说话,让教室中浸润着浓厚的教育信息。每一寸墙壁都可以成为学生学习的沃土,每一寸墙壁都可以成为教育的阵地,关键要看你怎么去布置。

　　你可以和学生一起动手设计、布置,教室墙壁的布置要符合儿童的年龄特征,尤其是在复式教学班里,各个年级的学生在同一教室里学习,教室墙壁的布置就要符合各个年级学生的发展特点,要富有年级层次感。比如你所在的班级是一三年级复式,你可以把教室的墙壁一分为二,左边的墙壁符合一年级的特点,右边的墙壁符合三年级的特点,也可以每面的墙壁一分为二。布置的主题要分别适合各个年级学生的年龄特点,不能混为一谈胡乱设计,导致每个年级都找不到适合自己的墙壁。这种富有层次感和灵活性的墙壁布置有助于学生的学习,要尽量避免模式化、成人化,不要使其成为不得已而为之的一种装饰,更不要流于形式,把墙壁布置得很丰富却忽视了其作用的发挥。

　　以下的信息仅供参考,你可以根据各个年级学生的发展特点来灵活运用:你可以在教室前面的墙壁挂上集体获得的各种荣誉奖状,激励同学不断超越自我,积极为班级作贡献。在教室前后墙壁上开辟出各种栏目,如"信息快递"及时传达学校或者国家新近发生的事情或者下达的文件;"知识加油站",包括"名著导读"、"歇后语大观"、"谚语园地"、"成语大擂台"、"趣味语文"等,都是学生常用、感兴趣的知识;"我的小画笔"专门为一、二年级学生准备,在墙壁上贴彩色的大纸,让他们根据自己的喜好随意画画;"晒晒我的作业"不定期地把学生的作业贴在墙上或者用小夹子把作业本固定在墙上,激发学生学习的兴趣和热情;"才华横溢"可以定期张贴同学们的美文佳作、精彩手抄报、小巧的手工制作等,记录每个学生的点滴收获,记录每个学生成长的足迹,学生们从不同角度塑造自我,表现自我,张扬个性,激发了学生的自主性、自信心。孩子们是在不断发展的,墙壁布置要用一种开放的、动态的、可经常更换的布置方式。

　　此外,布置教室所需的材料和经费应考虑其经济实用,尽量让师生合作搜集,还要争取废物利用。

理论讲堂

　　为学生创造一个良好的教育环境,让墙壁说话,这需要教师独具匠心。这里的让墙壁说话不是要把整面墙都贴得花花绿绿，而是要通过这些活泼生动的画面、引人深思的词句来暗含教师对自己教育教学的认识和理解，来对学生进行无形的、潜移默化的影响，通过墙壁创设班级文化，营造氛围，体现班级文化特色。

> 苏霍姆林斯基曾经说："无论是种植花草树木，还是悬挂图片标语，或是利用墙报，我们都将从审美的高度深入规划，以便挖掘其潜移默化的育人功能，并最终连学校的墙壁也在说话。"

让学生参与设计、布置教室墙壁，成为墙壁环境创设的主人，不仅因为它是影响学生发展的条件，更是因为在亲自参与墙壁布置的过程中，学生通过动手、动脑，获得了新的知识，也得到了能力上的培养。学生收集材料、参与墙饰制作的过程，也是学生学习技能、展示才能的机会。学生对自己设计、布置的环境也会有一种特殊的钟爱和亲切感，这样就会增强学生的集体感，也会减少对环境无知的破坏行为。

墙壁布置以后，使学生每天面对的不再是冰冷、苍白的四壁，而是欢快奔跑的知识列车，学生们的优秀作品等。它既能充实师生的生活内容，又能使学生广泛吸收、应用，为教师教学及学生学习提供有力的辅助效能，从而让教室成为师生互动的共做、共学、共享、共赏的实验室，春风化雨、潜移默化地发挥环境教育的功能。

第3节
兴趣角的创设

教室是学生学习的重要场所，教室的四角也是学生们的小天地，处处能留下他们成长的足迹。新课程提出："把班级还给学生，让班级成为学生成长的家园。"在教室环境的创设方面教师就要做到使教室的每一寸空间散发着浓郁的教育气息。对于空闲的教室四角来说，教师就要根据学生的兴趣爱好为他们建立感兴趣的活动角。你的教室里有哪些学生们可以自由活动的兴趣角？

将你的想法写在下面的空白处：

活动 13.3　我的小天地

如果你的教室里现在还没有创设兴趣角，那么，从现在开始就要让教室的四角说话，成为孩子们的课下小天地。开一次讨论会或者用问卷的形式，看看学生有哪些兴趣和爱好，在教室里可以设置哪些兴趣角使学生的小天地更加丰富且有趣。图书进教室就是很好的方法哦！

实践应用

如果班上没有兴趣角，学生第一次接触兴趣角的话，他们也许会感到陌生，你首先要对学生明确解释什么是兴趣角？创设兴趣角的目的是什么？如何正确使用兴趣角？

兴趣角具有开放、宽松、自主等特征，能更多地体现学生个体的游戏愿望和自主行为。怎样引导学生共同营造和谐生动的环境氛围？怎样让学生在活动中体验与材料、同伴协调互动的社会意义？这两个方面你要有明确的观点，在以上基本问题明确之后，再征求学生意见、达成共识，共同布置兴趣角。你可以首先考虑大家意见比较集中的两至四个兴趣角(你可以根据你的教室的大小及学生的人数而定),然后要决定下列两项:兴趣角的位置、兴趣角所需的材料或设施。

在创设兴趣角时,要考虑复式班学生的特点,提供的材料要符合各个年级学生的年龄特点,材料要具有层次感。

你可以给学生提供以下兴趣角的相关资料:

"图书角":即图书进教室,摆放各种少儿读物,供学生阅览扩大视野。课余时间,学生在图书角这个广阔的知识海洋中遨游,使他们从小学会阅读,养成良好的阅读习惯。

"自然角":可培养学生对小动物和植物的爱心,每天给植物浇水,为小动物喂食,在此过程中增强了他们的集体观念,增进了友谊,锻炼了能力。

"展示角":可摆放学生自己满意的作业、试卷,学生自己的美术、书法作品,学生自己喜欢的图片,学生自己与集体获得的奖状、奖杯、证书等,使每个学生都有更好的发展。

"休闲角":如把跳棋、象棋、围棋,以及各科教具置于益智角,提供给学生另外一种快乐天堂。好的休闲空间,也可以帮助学生培养其他不同的兴趣,并学习如何与其他人互动。

"知识角":可以贴上名人名言、成语故事、古诗背诵、数学趣味题等有趣而益智的问题,训练学生灵活的思维能力。

由于复式教学大都在贫困山区,经济条件差,对于创设兴趣角所需的一些材料可能会相对缺乏,你在材料的准备上应与学生共同动手、共同搜集,变不利条件为有利条件,尽量使用一些废旧物品,或者是现成的廉价材料,一般不考虑投入大的资金购买昂贵的原材料。要充分挖掘一些农村得天独厚的自然资源和自然环境,如泥土、种子、布、蔬菜、水果等,经过加工、筛选,有效地运用到兴趣角的创设中,开展丰富多彩的兴趣角活动。

此外,你还可以把兴趣角开设到大自然中去。农村自然资源丰富,大自然中有取之不尽的材料,同时也是天然的活动区。农村中多的是土,用土做成泥,用泥做糖葫芦,做窝窝头,做汽车,还可以捡树叶做标本、贴画等等。在大自然中学生的想象力尽情放飞,创造力尽情发挥,同时感受大自然的美。

理论讲堂

兴趣角的创设对学生们的学习兴趣、合作精神、创新意识、耐心毅力都有极大的推动作用,同时有利于学生良好思想品德的形成。

在具体操作过程中,应该本着由浅入深、由易到难、由简单到复杂、由教师引导到学生主动参与的原则进行。创意是无限的,材料是有限的。师生总动员,发挥无限的创意,充分利用每一种材料,科学、合理、有效率地调整和创设学生们喜欢的兴趣角。若能将兴趣角的内容与创设的主题墙内容有机结合,往往能起到事半功倍的效果。

下面对于兴趣角的创设提一些建议,仅供参考:

兴趣角要体现全面发展的教育原则。

兴趣角的创设要体现以学生为主体,教师为主导,师生共同创设。

每个兴趣角必须由 1~2 名学生负责,每周更换负责的学生。

兴趣角的材料要根据教学内容的变换而更新。如果条件不允许的话,可以每学期中间更换一个角的内容。

教师要指导负责兴趣角的学生做好《我们的兴趣角》的记录。

要保持兴趣角的卫生,定期打扫。

总之,兴趣角的创设最重要的是教师观念的转变,只要教师树立正确的兴趣角观念,把兴趣角作为促进学生全面发展的乐园,不断开拓活动空间,解放学生,让学生在玩中求发展,发挥兴趣角的实效性,使每个兴趣角真的活起来,促进学生全面发展也是我们的目的所在。

总　结

英国学者威尔肯森(Clive Wilkinson)认为"教室的环境布置是学生获得学习机会的关键"。著名教育家苏霍姆林斯基说:"只有创造一个教育人的环境,教育才能收到预期的效果。"通过本单元的学习,你会发现教室环境的创设在学生的学习生活中产生了潜移默化的效果,教室——作为校园环境的一个组成部分,不仅是学生学习文化知识的主要场所,也是重要的育人阵地。一个和谐、温馨的教室环境,不但可以给人春风拂面的新感觉,还可以陶冶师生的情操,沟通师生的心灵,激发师生教与学的积极性。因此,充分重视教室创设的育人功能,会收到相得益彰的教育效果。

教室环境的布置要寓知识性、教育性、趣味性于一体。在教室的布置中要让学生成为教室的主人,尽可能让他们去布置、去美化。老师只是起到一个顾问和指导者的作用。当然,班级保持洁、净、美也是非常重要的,通过教室环境的布置,使班级的每一个成员都有一种归属感,因为无论是标语还是黑板报,都能让学生想起点点滴滴发生在班级的往事,对学生的思想、行为产生潜移默化的效果。

本单元的内容即将结束。你可以回忆一下我们本单元所讨论的几个问题,然后把你的收获、需求、建议写在下面空白处,此外还要根据自己的实际情况作出一个合理的行动计划,在今后的工作中对教室环境布置将要达到什么样的目标,有什么想法和打算。

附　件

几种座位摆放形式(以两个年级为例)

现在复式教学的排座一般有以下几种:

1.纵列式:按照学生的身高从前往后依次纵向排列,每个年级一行或两行,各年级都是同一方向。

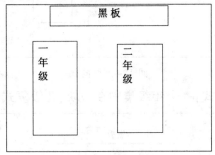

图 13–1　纵列式

2.横列式:按照年级横行排座,低年级在前、中高年级在后,依次排列。

图 13–2　横列式

3.背向式:把学生按年级分成两部分,相背而坐。

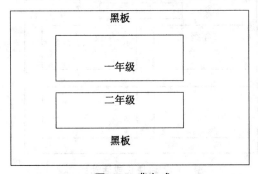

图13–3　背向式

4.异向式:把学生按年级分成两部分,一部分面向正面而坐,一部分面向侧面而坐。

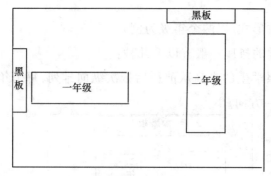

图 13-4 异向式

5.块块式或活动式:一个年级集中在一块,几级复式就分几块。

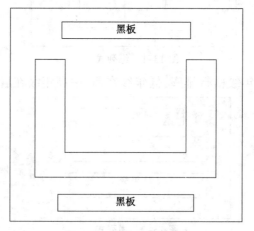

图 13-5 块块式或活动式 1

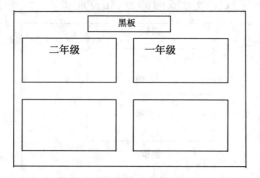

图 13-6 块块式或活动式 2

　　以上几种排座方位各有其优缺点。例如:纵列式排座,教师站在直接教学年级学生面前,易于集中学生的注意力,讲授、辅导和管理都比较方便,同时便于照顾其他年级。儿童注意力易于集中,教学方便,使学生上课时的视线集中在自己正前方的黑板上,便于使用黑板和观察教具。使用小黑板更加方便,把小黑板挂在学生的前面即可。便于收发作业,教师或小助手收发作业时,可采取传递方式,迅速收发。依学生的高矮排座,不影响学生的视线。缺点是由于行列较长,对低年级坐在最后排的学生,教师不便于照顾。对其他各年级的干扰较大。

　　横列式排座的优点是,低年级学生坐在前面,教师便于照顾。缺点是教师对其他几个年级进行教学、辅导都不方便,不便于师生在教学流程中直接教学与间接教学的交替。因为按年级横排,如果是二三级复式班,前面年级的学生进入间接教学,最后面年级的学生进入直接教学,距离有点远,不便于师生间语言、思想、情感的交流与沟通。身材高大的学生坐在前面,影响后面学生的视线,难以照顾到视力、听力有困难的学生。

　　背向式、异向式排座的优点是,可以减少各年级互相之间的干扰,学生易于集中精力上课。缺点是对背向另一面的学生难于照顾,教师在教室的两头来回走,费时多,且劳累,如果教室不是两面采光,有一部分学生就会因采光不好,影响视力。适合于多级复式。

　　块块式和活动式排座的优点是可以适合学科性质、作业状况,便于学科分组活动,如唱歌、口述作文、劳动、运用演示、实验等方法以及室内体育课等作业,就需要比较灵活的座位形式,而且这种形式可能提高学生的学习情绪。座位比较集中,便于听讲,注意力也不易分散;还可把低年级学生适当安排在靠近教师处,便于照顾。可以减少各年级之间的互相干扰,但需要有较大的教室,黑板也要配套才能办到。缺点在于块块式后排的学生接受听讲与使用黑板不十分方便,特别是这种排列需要大一些的教室、轻便的桌椅和较多的黑板,否则就无法采用这种形式。座位常变动,较费时间,桌椅常搬动,损耗率也大,这都是不可避免的缺点。

单元14　复式班课堂管理技巧

　　课堂管理技巧是指教师在课堂教学过程中，用来有效地维持学生适宜行为,引导学习以及保持良好课堂教学秩序,从而建立和谐的课堂环境的技能技巧。课堂管理技巧始终影响着教学和评价的有效进行。因为复式班级课堂管理的特殊性和长效性,管理者更要具备一定的管理知识和技巧。

学习目标

　　学习完本单元后,你将能够:
- 对复式班级课堂管理的误区或盲点有更新的了解
- 掌握几种适合复式课堂教学的管理技巧并能灵活应用
- 建立积极、正向、有序的课堂规则,建立集体规范,培养复式班级学生自我教育和自我管理能力
- 进一步实现课堂管理中的多向交往模式，建立良好复式班级人际关系,维持学生在课堂学习中的良好状态

学习内容

　　本单元将包括以下内容:
第1节　课堂管理技巧的误区
第2节　课堂管理技巧的掌控
第3节　课堂管理技巧的应用

学习时间

　　本单元的学习需要三个学时

你需要的材料

　　这部分的学习,你需要准备以下材料:
- 笔记本

第 1 节
课堂管理技巧的误区

"有些教师认为课堂管理是构建和维持有效学习环境的一个过程,有些教师则简单地认为课堂管理是在强化它的权威或训导的作用。研究结果表明,前者的教学成效往往超过后者。"

对教师而言,他们拥有了智慧、付出了辛劳、端正了态度,但缺少的却是课堂管理的方法和策略。在复式班里,由于不同年龄不同年级的学生在一起上课,各年级人数有多有少,学生身材有高有低,教室面积有大有小,所以课堂管理的对象较为复杂。在课堂管理过程中难免有人认为对复式班级的管理会出现低效的结果,从而对后续的管理带来一定的困难。

反思你的复式班级课堂管理方式中存在哪些不成功的地方?

请将你的观点写在下面的空白处:

你认为造成课堂管理效果差的主要原因是什么?

请将你的观点写在下面的空白处:

结合实际情况,实事求是地完成本单元后附件的调查问卷。本调查问卷作答的结果,对你的学习没有任何影响。我们只是想通过调查来了解你目前的一些管理理念和实践经验等。

活动 14.1　做一做

以下是学生在课堂上常出现的一些问题行为,你认为还可以补充吗?请你根据这些问题行为的发生比例,从高到低进行排列。

打架　小动作　侮辱老师　大声说话　吃零食　随便走动　讲废话

思想开小差　不服从老师　侮辱同学　不恰当使用教材或设备

故意大笑　弄坏课本或设备　交头接耳　坐立不安过分依赖他人

补充:_____

_____

排序:_____

_____

实践应用

复式班级课堂管理中,总会出现与管理目标的实现相背离的现象,这就是我们常说的课堂问题行为,它一般是指发生在课堂上的与课堂行为规范和教学要求不一致并影响正常课堂秩序及教学效率的课堂行为,主要有外向性问题行为和内向性问题行为两类。外向性问题行为主要包括相互争吵、挑衅推撞等攻击性行为,交头接耳、高声喧哗等扰乱秩序的行为,作滑稽表演、口出怪调等故意惹人注意的行为,以及故意顶撞老师、破坏课堂规则的盲目反抗权威的行为。内向性问题行为主要表现为在课堂上心不在焉、胡思乱想、发呆、注意分散等,害怕提问、不与同学交往等退缩行为,作业不认真、抄袭作业等不负责的行为,迟到、早退、逃学等抗拒行为。

课堂管理效果差的原因受多种因素的制约,主要有学生、教师和环境三个方面的影响。学生方面主要有挫折感的产生、得不到周围人的认可、寻求他人的注意、人格因素、生理因素;教师方面主要有教学不当、管理不当、丧失威信等;环境方面包括家庭环境、编班情况、班级人数与课堂座位编排方式、教学环境的温度和色彩等。

学生在课堂中表现出问题行为的原因非常复杂。对于问题行为的原因,我们要客观分析,找出解决的对策,以便有利于课堂管理的有效性和长效性。

理论讲堂

我国传统教学中的课堂管理偏重于纪律的规范,尤其是重"静"。其实,安静不一定是课堂管理的理想追求,因此,不能反对带有一点吵闹的有目的的学习活动。学生的成绩和情感的结果也应是课堂管理成效的评判标准之一。课堂管理标准和学习成果两者之间存在的关系表明,更好的管理与更优的成绩密切相关,教师在课堂上较差的管理与学生较差的情感相联系,与学生的违纪行为相联系。

重视复式班级的合理编班,以利于课堂的管理。复式班级由两个或两个以上不同年级的班级组成,结合不同班级的整体情况和高低年级的组合特点合理编班,偏低年级和高年级学生的年龄特点和学习习惯、学习品质的差异会影响班级的管理。不同的班级往往有不同的群体规范和凝聚力,教师应该在深入了解的基础上,掌握班级集体的特点,运用维持和促进的高超技巧,获得理想的管理效果。同时,班级的大小是影响课堂管理的一个重要因素。首先,班级的大小会影响成员间的情感联系。班级越大,情感纽带的力量就越弱。其次,班级越大,学生间的个别差异就越大,课堂管理所遇到的阻力也可能越大。再次,班级的大小也会影响交往模式。班级越大,成员间相互交往的频率就越低,对课堂管理技能的要求也就越高。最后,班级越大,内部越容易形成各种非正式小群体,而这些小群体又会影响课堂教学目标的实现。

强化教师的管理风格。教师的管理风格对课堂管理有直接的影响。普雷斯顿认为,参与式管理和监督式管理对课堂管理有不同的影响。参与式管理注意创造自由空间,鼓励自由发表意见,不强加于人。而监督式管理则待人冷淡,只注重集体讨论的进程,经常监督学生有无越轨行为。

有经验的老师总结的管理经验是:三分教学,七分管理。我们发现一些教师对课堂管理存在诸多认识和行为上的误区或盲点,从而难以提高自己的教学效率,甚至导致师生关系紧张。他们认为管理是学校领导或班主任的事,作为任课教师只要把自己的课教好就行了;课堂管理就是管好课堂纪律,尽量让爱学好学的学生能够专心学习,不想学的学生最好不干扰其他学生;教学任务压力大,尽量多布置一些作业,提高自己的教学成绩;课堂管理一严就"死",一松就"乱",课堂管理等于约束学生的行为;教师是课堂的主宰,明确学生不能做什么;学生不会听课,只会埋头抄板书。

这些认识的不足反映的是以知识为本、以教师为主宰的传统课堂管理观念。在这种管理观念和行为的支配下,教师忽视了对学生人格的培养,淡化了学生的生存意识和斗志,弱化了学生的人格独立性、自主性和竞争意识。所以教师只有走出思想中的误区,真正尊重孩子,才能培养出具有创造力和竞争力的人才。

第 2 节
课堂管理技巧的掌控

多伊尔在《教学研究手册》中说:"管理必须依托于一种高瞻远瞩的理性框架,才能洞察课堂的纷繁事件及其后果,而不是简单地搜罗一堆对行为问题头痛医头脚痛医脚的零碎技巧。"

建立并维持一个良好的课堂秩序,决不意味着不重视课堂的实际教学内容。相反,创造一个管理良好的课堂,也是为教学活动提供保障。要促使学生积极参与学习活动和合作愉快地进行一系列活动,教师就必须具备课堂管理方面的一些技巧。

在任教的复式班级中,你认为成功的一些课堂管理技巧有哪些? 将你的想法写出来,与大家一起分享。

请将你的观点写在下面的空白处:

根据你的课堂管理经验,与其他老师进行讨论,然后总结出大家所认可和行之有效的课堂管理技巧。

请将你的观点写在下面的空白处:

活动 14.2　动一动

教师按照活动下面的要求组织班级游戏,并与同学们一起分享,也可以自己思考或与同事讨论以下问题:

1.在这个活动过程当中大家感受最深的是什么?

2.一个人让别人了解自己的途径大概有多少种呢?除了自己主动,或别人主动,还有什么?

3.课堂管理工作之中角色的转变是经常的,如何才能做到收放自如?

游戏活动要求：

1.事先分组,三人一组。两人扮大树,面向对方,伸出双手搭成一个圆圈;一人扮松鼠,并站在圆圈中间;没成对的学员或者助理人员担任一个特殊的角色——魔鬼。

2.魔鬼可以对大家发号施令,魔鬼的口令有三个:

第一个口令:魔鬼喊"松鼠",大树不动,扮演松鼠的人就必须离开原来的大树,重新选择其他的大树;魔鬼就扮演松鼠并插到大树当中,落单的人就变成了新的魔鬼。

第二个口令:魔鬼喊"大树",松鼠不动,扮演大树的人就必须离开原先的同伴重新组合成大树,并圈住松鼠,魔鬼同时快速扮演大树,落单的人就变成了新的魔鬼。

第三个口令:魔鬼喊"暴风骤雨",扮演大树和松鼠的人全部打散并重新组合,扮演大树的人可以做松鼠,松鼠也可以做大树,魔鬼亦快速插入队伍当中,落单的人就变成了新的魔鬼。

3.听到魔鬼的口令之后,大家快速行动,不要成为魔鬼,因为魔鬼是一种落后者的角色。

实践应用

老师要对教室内发生的一切保持警觉，对课堂内发生的不良行为进行分析,要有明晰的对策去应付紧急情况或偶发事件。老师要对复式班的学生一视同仁,不能因为班级的整体情况、学习基础、年龄等个人的自然情况厚此薄彼。不要在多种层次的班级课堂中作多维度的比较,老师要保证遵守诺言,要树立和保持老师的威信并确保不同班级的学生有充足的进行实践活动的机会。

明文规定班级的一些行为准则。如果可能,让学生参与制定规章制度。他们越具有主人翁意识,就越能够遵循(至少努力遵循)这些制度。如果切实可行,教师要把管理重心下移,尽可能把管理课堂事务的权力交给学生,实现自我管理。

根据学生能力或先前表现,为学生设定不同目标,学生都需要进步与挑战。及时奖励良好行为,给他们一个微笑、几句表扬或鼓励的话语。平时表现不好的学生偶尔表现良好时,一定要及时表扬他们——因为表扬,他们可能会真的表现良好。有效处理不正当行为,避免恶化。尽量在私下处理小问题,公之于众会引起太多人的兴趣。制定惩罚制度,并确保其合理性、稳定性与可执行性。

虚心接受学生发出的信号——当意识到上课的内容或方法不太理想时,可以作出相应的改变。根据学生的反馈信息改变上课的方式,这是一种优点,而不是缺点。

加强与其他老师的沟通和交流,达到优势互补,提升自己的课堂管理经验和水平,实现班级课堂管理效果的最优化。

签订课堂管理协议。以口头或书面的形式给学生规定应尽的义务,指出学生在执行或未能执行协议要求的具体行为时应得的奖励或惩罚,这种方法在一定程度上可以有效地促进课堂管理最优化。

老师的课堂管理工作要尽量赢得学生家长的支持。不要在家长面前指责学生。对学生要肯定他的长处,放大优点,同时也要让学困生的家长树立信心。

对于"我们动一动"活动的设计,我们取得的收获分享为:一般能感觉到竞争激烈、感觉到变化或者感觉到压力等;是环境的推动,外界的变化促使自己必须让别人了解你;在看似混乱的状态下寻找规律,冷静沉着地分析变化、处理变化,从而解决出现的问题。

理论讲堂

老师对课堂管理效果正向评价的基本认识有:课堂管理是一件很好做的工作,学生在课堂上是想学习的,部分表现不好的学生也存在相当程度的进步愿望;绝大部分学生都希望在课堂上得到帮助,并且这种愿望能得到满足;课堂管理要体现公平、公正和公开的原则。负向评价主要指的是对课堂管理中的懒惰散漫,采取一些强加措施,对问题行为的学生随意处理,有的老师甚至在纠正学生的不良行为时,扩大影响,利用"杀鸡骇猴"的效应对他人的行为进行控制。

出色的课堂管理不仅意味着老师已经使不良行为降到了最低程度,促进了学生之间的合作,并能在不良行为发生时采取有效的干预措施,而且意味着课堂总是持续着有意义的学习活动。整个课堂管理制度都是为了使学生能最大限度地参加有意义的学习活动,而不只是为了将不良行为降到最低程度。

通过讨论可能会得到不一致的观点,没有关系,大家都是独立的个体,有其独特的观点是正常的。你可以对大家讨论的大致观点进行总结,让课堂的管理技巧符合复式班级的实际特点。

第3节
课堂管理技巧的应用

我们不能要求教师都为学生忘我奉献,只能要求每一位教师做好自己的本职工作。同理,我们不能希望教师真正去"爱"每一个学生,只能要求教师公正地为每一个学生提供帮助;我们不能希望教师去跟学生做"朋友"——事实上这也是不可能的——但却可以要求教师在任何情况下都以积极的态度面对每一个学生。

请结合自己的课堂管理经验,每人列举一个复式班级课堂管理技巧方面的案例与大家分享。对于他人列举的课堂管理案例,设想如果发生在自己的课堂上,你又是怎样解决的。

请将你的观点写在下面的空白处:

14.3 活动 你用这些技巧吗？

请你回忆自己的课堂,阅读并讨论下面所罗列的课堂管理的一些技巧,并完成下列任务:

1.哪些技巧在你的课堂管理中运用？请用"√"符号标出来。

2.哪些技巧你不会选用？困难在哪儿？

3.还有哪些技巧我们没有列上,请你自己填写上。

课堂管理的一些技巧:

1.建立及有效运用课堂纪律——开学后,师生应共同制定一些课堂纪律,并教会学生如何去做,这也是教师将他/她对学生在课堂上的期望变成一种规定的过程。这样,既有助于建立良好课堂学习环境,同时也能保证课堂教学顺利进行。

2.激发学习动机——激发学生的学习动机是很重要的。因此,教学内容宜配合学生的实际生活经验,让他们明白所学的知识是他们生活中所需要的。

3.创设学习情景,提供指示及示范——在教授新概念前,应创设一个学习情景。课堂活动中,教师的指示语要求简明清晰。活动进行前最好先请1~2个学生作示范,以使全班学生能清楚地明白整个活动的细节。

4.鼓励参与——在活动进行时,某些学生显得被动,也有一些学生喜欢控制局面。此时,教师应适度地平衡协调,鼓励信心不足的学生积极参与。教师友善的微笑或口头的赞许,对这部分学生往往起着重要的作用。学生们从参与中学习,效果会更加有效。因此,教师应鼓励学生积极参与课堂活动。

5.控制时间及活动的进行——低年级学生的注意力比较容易转移,课堂活动时间不宜太长,否则容易令学生感到沉闷和分散他们的注意力。因此,教师应该安排时间较短和多元化的活动,以保持学生的学习兴趣。

6.布置教室环境——教室里的光线要充足、明亮,墙壁的布置要适合学生的年龄特点,同时要有助于日常的学习需求。学生所坐的位置,应当能清楚地看见和清晰地听到教师的讲课,桌凳的安排要适合师生互动和小组讨论。

7.维持课堂纪律——教师要通过课堂纪律的规定以及课堂活动的安排,预防或降低学生在课堂中的问题行为。教师应该考虑哪些行为可以被接纳,同时也应该事先考虑对一些问题行为的处理方式。处理纪律问题时,教师如果能抱着公平、前后一致的态度,学生一定能心服口服,自觉维护课堂纪律。称赞、鼓励往往比严惩更为有效。

8.协助学习——在分组活动时,教师巡视每组的活动,有需要时给予指导,或解答个别学生的问题。在适当的时候,也可以鼓励和称赞学生的表现。

9.给予反馈——在活动进行中或结束时,教师应给予及时的反馈,以巩固学生所学。反馈方式应灵活多样,如:可先查看学生的作品,然后再反馈;可及时反馈;可安排学生以个别或小组的形式进行汇报;可安排学生展示其完成任务的成果,等等。反馈,是教学上重要的一环,因为,学生都希望他们的学习表现能被肯定和称赞,同时也是全班共同检查学习结果的好机会。

10.……

11.……

实践应用

大家的课堂管理技巧主要显示为人与人之间的交往技巧与技艺。管理的根本精神是"民主"。让学生学会自我管理、自主发展,这是管理的核心目的。

出色的课堂管理不仅意味着老师已经使不良行为降到最低程度,促进了学生之间的合作,并能在不良行为发生时采取有效的干预措施,而且意味着课堂总是持续着有意义的学习活动,整个课堂管理制度都是为了使学生最大限度地参加有意义的学习活动,而不只是为了将不良行为降到最低程度。

　　教师与学生的非言语交流——对课堂管理起到潜移默化的作用。非言语交流包括：视线接触；走进当事学生；让学生安静的手势；把一只手放在学生的课桌或书本上；打开学生的书，指到相关内容；轻敲讲桌；身体接触（虽然有效，但有潜在风险）；作出行为示范；手指墙上贴着的规则；边讲课边在违反课堂规则学生附近走动；凝视；中断说话；故意视而不见；重新开始；下课后跟学生谈话；用手指学生；如果是一个班级的问题，让学生重新进教室；衣着打扮得体等。

　　制定"学生行为协议"——作为班级管理中一个正强化的简单工具，行为协议是关于学生该如何约束自身行为的书面约定，内容包括对学生行为的详细要求，以及达到或达不到要求时的结果，有时也包括对教师和家长的相应要求。使用行为协议的益处：使教师和学生有了一个共同的目标；给学生预设了明确的正面结果；使学生明确了要求，不用再猜度教师或同教师博弈；为师生间坦诚沟通搭了一座桥梁；在师生间发生冲突的时候，协议是一个不偏不倚的中介；协议给学生带来了公正、公平之感；有助于学生以成年人的行为为榜样。

　　通过讨论可能会得到不一致的观点，没有关系，大家都是独立的个体，有其独特的观点是正常的。你可以总结出班会上讨论的大致观点，让课堂的规则符合复式班级的实际特点。

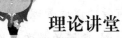

理论讲堂

　　复式班级的课堂管理在新课程背景理念的指导下对老师的管理能力提出了更多更高的要求。有什么样的教育管理理念就会有什么样的课堂环境。研究发现，学生喜欢的老师需具备以下特征：在活动技能方面，他们讲课有趣并喜欢体育活动；在性格特点方面，他们和蔼严格；在思想作风方面，他们公正认真；在工作态度方面，他们对学生的学习负责并能为同学着想；在学识能力方面，这些老师的教学方法灵活，讲课清晰明了。同时，他们希望教师能够爱护他们，关心他们的进步，满足他们的求知欲，尊重他们并公正地对待他们。研究也说明了学生最不喜欢的教师特征：教学不负责、东拉西扯无计划并只顾自己讲而不管学生懂不懂；讲课死板、照本宣科、枯燥无味、不清楚；偏听偏信、处事不公正、小题大做；主观不调查清楚就下结论批评人；讲完课就走、不与同学接近、不关心同情人；不能以身作则、言行不一致、不认真批改作业；对学生要求不严、只管讲课不管课堂纪律；态度严肃、不和蔼、整天绷紧脸孔等等。

"十个指头有长有短"，这是几乎每个教师都要面对的事实。但在实际课堂管理中，很多老师却忽视这个道理，有意无意回避这一事实，自觉不自觉地把不同层次的学生放在同一起跑线上，用统一的尺子来度量学生的优劣，用统一的管理目标、内容、手段和评价等。为了每一位学生的发展，我们必须正视、承认、尊重、善待和利用差异，在管理中采取切实而有效的手段和措施，去挖掘每个学生的潜能，使每一个学生都有选择适合自己学习和发展的机会。布卢姆认为，要使每个学生对所学学科都能达到掌握水平，必须抛弃传统管理中存在的那种适用于所有学生的标准课堂管理情景和假设。

总　结

课堂是一切教学活动的核心和基础。尽管满怀热情的教师对自己的课堂有着许多美好的憧憬和规划，可是一旦身处其中，往往会陷入课堂这片森林，难见天日。"现在的课堂很难管理！"几乎只要是教师就会有这样的体会。但是，任何一位教师都知道课堂管理的重要性。有效的课堂管理是教学顺利实施的基本保障。只有将课堂管理好，才能营造一个良好的教学环境，才能使教师有效地组织教学，使师生之间能互相理解与沟通，使教学双方能专注于教与学。

冰心说过："世界上没有一朵鲜花不美丽，也没有一个学生不可爱。"每个学生都是一本需仔细阅读的书，是一朵需要耐心浇灌的花，是一支需要点燃的火把。如果学生生活在批评中，他就学会了谴责；生活在鼓励中，他就学会了自信；生活在认可中，他就学会了自爱。

现代教育关注社会变革中人的发展，重视对人格的培养，这种"以人为本"的思想要求课堂更加关注作为完整生命的人整体意义上的发展。因此，真正有效的课堂管理，必然要求教师立足于长远的行为目标，让学生在不同的课堂情境中，对不同的教师都能持续地表现出他们的适当行为，把适当行为内化为他们的一种自觉行动，最终实现学生的自我控制、自我调节和自我管理。

有效的课堂管理不只是为了建立秩序，从而将影响课堂教学的不良行为降低到最低程度，更为重要的是整个课堂管理制度都是为了使学生参加有意义的学习活动并且达到最高的程度。有效的课堂管理可以维持课堂秩序的稳定，避免课堂混乱现象的出现，培养学生的学习动机，激发学生的学习潜能，提高教学工作的成效。有效的课堂管理必定是师生全员参与的课堂管理，必定是全面成功的课堂管理。

复式班级的课堂管理需要教育者进一步重视良好的课堂氛围，掌握科学、合理、有效的课堂管理技巧，结合班级的实际情况，充分体现因材施教和有教无类的教学思想，使自己的教学工作和管理工作再上一个新的台阶。

附　件

活动"做一做"：

1.现在几乎在每个班级里都贴有《小学生日常行为规范》和《小学生守则》,它们可以规范学生的许多行为。在班级管理过程中,你是否仅仅利用这些规范来要求学生呢？

A.经常要求

B.只是在开学初要求

C.基本上不要求

2.在日常班级管理过程中,你认为《行为规范》和《小学生守则》在班级管理中的作用是：

A.有作用,但作用不是很大

B.有作用,但在管理学生的过程中,有一些条款用不到

C.有作用,能比较好地规范学生的行为,对班级管理有促进作用

3.学生能基本做到《小学生守则》和《日常行为规范》,就已经很不错了。在班级管理过程中是否需要制定一些其他的班级规章制度？

A.不需要

B.需要

C.说不准

4.如果要制定一些其他的班级规章制度,参与制定的主体是：

A.班主任

B.班级干部

C.学生代表为主,班级干部协助

5.假如以学生为主体制定的班级管理制度,可能会增加班主任对班级管理的难度,你认为应该怎么办？

A.基本尊重他们制定的制度并按照执行

B.这样可能额外增加班主任的工作负担,要求学生修改一下制定的制度

C.还是老师说了算,比较省事

6.在日常班级管理工作过程中,是否对学生学习和生活的各个方面都加以规范,并有相应的规范标准:

A.不是,因为没有必要对一切都进行规范,只要能做得差不多就行

B.是的,学生的日常学习生活各个方面都要进行必要的规范

C.一般不去考虑这么多,只要学生能好好学习就行了

7.对待学生在生活与学习中所出现的错误,一般情况下你的态度是:

A.根据错误种类,决定批评程度高低

B.暂时宽容学生的错误,如果下次再犯类似的错误再找他算账

C.以宽容和帮助为主,与学生谈心使其认识自己的错误并自觉改正

8.如果学生上课迟到,你一般都会怎样做?

A.要求下次注意,不要迟到

B.训斥一下,而后要求以后禁止迟到

C.询问一下原因,而后要求其赶快到班级去上课

9.对于学生没有请假而不来上学,你将会怎样做?

A.首先电话通知家长或家访询问原因,而后在学生来上学后,再批评教育

B.电话通知家长或家访询问原因,学生来上学后给班主任和全体学生解释原因

C.电话通知家长或家访询问原因,首先训斥家长而后再训斥学生

10.你认为班主任与班级学生之间主要是一种什么关系?

A.监督与被监督,管理被管理的关系

B.服务于被服务的关系,促进师生和谐发展

C.说不清二者之间是什么关系

11.你认为下列表述哪些是正确的?

A.管理是一种服务

B.管理是一种价值的引领

C.管理是一种有效的促进,是管理者和被管理者的和谐发展

D.以上观念都正确

12.如果在教室地上发现有一张废纸,你将怎样做?

A.把纸片捡起来,并要求以后不要随手扔废纸

B.把废纸捡起来,同时制定有关规章制度,组织大家共同监督随手丢废纸的人

C.追查丢废纸的人,并要求其把废纸捡起来

13.班级进行卫生扫除时,一般你都会怎样做?

A.根据实际情况临时安排有关扫除的任务,基本上是亲临现场督促扫除,并亲自检查扫除结果

B.组织班级干部事先制定好卫生扫除标准,并进行具体的分工,班主任在卫生扫除期间与学生一起检查扫除结果

C.与学生一起共同进行扫除,而后在与班级的检查人员一起来检查扫除结果

14.平时在管理班级的过程中,你认为是精细一些好还是粗放一些好?

A.稍微粗放一些好,因为这样能给师生提供一个比较宽松的环境

B.精致一些好,因为这样学生能形成良好的习惯,而且对于其以后的发展有好处

C.应该把精致管理与粗放管理进行有机结合比较好,因为这样有利于学生更加健康地成长

15.在班级管理过程中,你认为是采取常任班级干部管理好,还是采取值日班长轮流管理好?

A.常任班干

B.值日班长轮流管理

C.两种管理方法各有各的好处

16.对于班级许多事务,你认为主要由谁来管理比较好?

A.由班级干部轮流管理

B.由班主任与全体班级干部共同管理

C.由全体学生积极参与共同管理

17.如果在管理过程中,出现了一些失误或错误,你将会怎样处理?

A.如实承认自己的失误或错误,并向全班学生公开承认并道歉

B.给自己提醒,并保证下次不犯类似的错误就行了

C.也许学生没有发现自己的错误,即使发现相信学生能原谅自己,不太在意

18.管理过程中,最主要的管理者应该是:

A.学生干部

B.全班学生

C.班主任

19.在管理过程中,你认为应该把哪一项放在首位?

A.尊重引领

B.理解帮助

C.宽容支持

20.从整体上说,教师课堂管理行为:

A.从未有效

B.很少有效

C.经常有效

21.作为教师,你是否遵守诺言?

A.是

B.经常遵守

C.偶尔遵守

22.对于所在复式班级学生课堂的表现,你和学生家长的沟通:

A.没时间联系

B.很少联系

C.经常保持联系

23.你与学生的私下交流:

A.没时间交流

B.很少交流

C.经常交流

24.你到教室上课的时间:

A.提前 3 分钟进教室

B.上课铃响时进教室

C.偶尔迟到

25.学校管理部门对教师的管理规定或要求,你是:

A.服从

B.顺从

C.从众

单元 15　单式班复式教学策略

　　单式班复式教学是近年来我国基础教育改革中出现的一种崭新的课堂教学模式。了解单式班复式教学的遵循原则和组织环节,在教学实践中采用单式班复式教学策略,这种教学模式必定会对我国素质教育在中小学,特别是农村中小学的落实起到良好的促进作用。

学习目标

　　本单元学习完后,你将能够:
- 用自己的话界定"单式班复式教学"概念
- 说出在单式班中开展复式教学遵循的原则
- 在单式班中开展复式教学

学习内容

　　本单元将包括以下内容:
　　第 1 节　单式班复式教学概述
　　第 2 节　单式班复式教学原则
　　第 3 节　单式班复式教学过程
　　第 4 节　单式班复式教学结构

学习时间

　　本单元的学习需要四个学时

你需要的材料

　　这部分学习,你需要准备以下材料:
- 相关教育专业书籍
- 笔记本

第 1 节
单式班复式教学概述

　　单式班复式教学是近年来我国基础教育改革中出现的一种崭新的课堂教学模式。那么什么是"单式班复式教学"呢？就是在单式班教学中引进复式教学的有效方式和方法来组织实施教学。在单式班中按照学生智力和非智力因素的差异，把全班学生分层次编组，在统一教材、统一进度，确保课程标准、教材基本要求的基础上，不同组别的学生设置高低适度的教学目标，安排难易适当的教学内容，采取"扶""放"适宜的教学方法，充分贯彻因材施教原则的教学方法。从本质属性看，单式班复式教学是复式教学外延的扩大及其潜在优势的发挥，是复式教学的另一种特殊形式。单式班复式教学是分层次的教学活动，教师必须面对不同发展层次的学生，考虑不同的教学要求并在一定时间空间的限制下，设计组织教学。这不仅对实施因材施教和教师重点指导提出了要求，而且为学生的自主学习、主动获取和发展提供了一个相对有利的教学机制。这种教学模式必定对我国素质教育在中小学，特别是农村中小学的落实起到良好的促进作用。

　　根据你的经验，你认为应该如何定义单式班复式教学？

　　请将你的看法写在空白处：

请在下定义后和其他同事、同行交流一下,看你们的定义有什么异同。

请将你们的异同写在下面的空白处:

请你完成下列活动,之后将会使你对单式班复式教学有一个重新的认识。

> ## 活动 15.1　想一想
>
> 你有没有做过单式班复式教学,单式班复式教学和单式班教学有哪些异同? 在你的身边有没有老师采用单式班复式教学? 如果有,和你认为的有什么不同?

实践应用

单式班复式教学在当前农村基础教育中非常重要。首先,要求学习者在学习基本概念和基本理论的基础上,从概念产生的环境、发展的历史、存在的意识以及用途等方面入手;其次结合自身教学经历或经过实地了解,看看农村地区中小学有多少学校在开展单式班复式教学,在具体课堂教学操作过程中有哪些问题。

理论讲堂

单式班复式教学是在当前我国农村基础教育改革过程中出现的教学模式的一大创举。它在全面实施素质教育的进程中必定会发挥不可替代的重要作用,具有十分重大的现实意义。单式班复式教学符合素质教育的要求,将大面积提高教学质量。面向全体学生,大面积提高教学质量,是素质教育的基本要求,也是长期以来教学论研究所关注的一个重要问题。尤其是当前形势下,我国经济建设的快速发展,急需培养大批合格的社会主义建设人才,而在农村,由于经济状况的制约和应试教育的影响,素质教育的这条基本要求还很难落实。很多农村学校被迫向城市学校看齐,只为少数升学有望的尖子生服务,而将大部分不能升学的学生"考"出了校门之外,带着失败的情绪,被"打回"家乡参加农村的建设。还有一部分学生甚至提前离校,辍学回家,义务教育目标难以达成。如何使广大学生不但能上学,而且留得住、学得好,真正提高农村基础教育的质量?单式班复式教学的实践做出了回答。它针对以往单式班教学的弊端,发挥复式班的长处,根据学生的不同情况因材施教,使每个学生都学有所得,都能实现自己的目标,从而大面积提高教学质量。

单式班复式教学有利于学生主体作用的发挥,将大大提高学生自主学习的能力和创新能力。单式班教学由于学生年级统一,教学目标统一,因而它的教学内容和教学进度也是统一的。教师也由于只需要准备一个教案、设计一个教学过程而牢牢掌握着学生的学习。这就如同母亲只培育一个孩子,她定会对孩子百般呵护,甚至大包大揽,这无疑会大大削弱孩子自主活动的权利,也会大大降低孩子自主活动的能力,形成等、靠、要等不良习惯,他们的创造能力、创新精神更无从谈起。而复式教学则由于同一时间、同一教室里坐着不同年龄、不同基础的孩子,而要求教师必须教会每一个学生都要掌握自主学习的方法,都要学会"谋生"的本领,所以这种教学方式有利于学生自主学习能力的培养,学生在学习中的主体地位也便于得到确立。单式班复式教学整合了单班教学和复式教学的优点,给学生创造了好于复式班又高于单式班的自主学习环境,使他们在宽松的环境里,在科学方法的指导下去学习、钻研,这将充分解放学生的大脑,大大激发他们的学习兴趣和创造热情。

单式班复式教学便于对学生因材施教,将使学生的个性和潜能得以充分发挥。班级教学制,特别是单式班的一个很明显的弊端是不便于因材施教。它把几十个学生不仅集中在一间屋子里,而且置于一个起跑线上,"一刀切",常常造成优等生"吃不饱"、中等生"吃不好"、学习困难学生"吃不了"的状况。而这种状况使得各层次的学生都感觉教学不符合自己的需求,久而久之,就会失去学习的兴趣,放弃奋斗的理想。而复式教学由于学生的分类分层,自然就要求教师要对各类各层次学生进行有针对性的辅导,教师将根据每个学生的具体情况制定指导方案,最大限度地发挥他们的长处,尊重他们的独特感受,鼓励他们的独创行为。这就会大大激发学生学习的积极性,从而养成独立钻研的良好习惯,形成鲜明的个性。

单式班复式教学有利于教师主导作用的发挥,将促进教师自身的提高和发展。单式班复式教学在课堂上虽然呈现出学生活动增多、教师讲授时间减少的状态,但实质上它对教师的要求更高了,教师必须更新教育观念,全面提高自身素质,才能适应这种形式的教学。在单式班教学中,由于教学目标、教学内容、教学过程、教学进度的统一,教师容易掌握课堂,只要认真备课,到了课堂上把准备的内容传达出来就可以了。而采用单式班复式教学方法,学生自主学习的机会多了,思维放开了,他们会从各个角度质疑问难,这需要教师透彻理解教学内容和大量摄取相关知识。另外,由于分类、分层,教师还需要对各个层次甚至每个学生的学习心理、知识基础有科学的分析和准确的把握,才能有的放矢地进行辅导;才能灵活应对教学进程中的"突发事件"。因而,单式班复式教学必将大大推动教师的理论学习和教学研究。这也为提高教育教学质量奠定了坚实的基础。

第 2 节
单式班复式教学原则

单式班复式教学的基本指导思想是面向全体学生,面向全体学生也是单式班复式教学的出发点和归宿。单式班复式教学要求不同层次学生从自己的基础出发,通过不同程度的努力,最后都达到课程标准要求的基本目标。

与你周围的老师、同行交流,如何做到不同层次学生都得到发展?如何保证最低层次学生达到课程标准要求的基本目标。

请写在下面的空白处:

想想在单式班复式教学中如何做到面向全体学生?采取哪些措施保证最低层次学生达到课程标准要求的基本目标?

请将你的想法写在下面的空白处:

反思以往课堂教学中对学习困难学生的教学目标、教学内容要求与班上其他学生有无区别,进一步学习课程标准的目标,以保证课堂教学中学习困难学生达到基本目标。

> ## 活动 15.2　看一看
> 你认为单式班复式教学需要遵循哪些原则?单式班复式教学的基本思想是什么?单式班复式教学要解决的核心问题是什么?单式班复式教学的终端结果是什么?

实践应用

　　单式班复式教学的根本思想是面向全班学生,"为了一切学生"而采用的教学模式,这是单式班复式教学的出发点和归宿。学生的分层不是一成不变的,要随着学生学习能力的增强和学习程度的提高进入高一层次学习;学生会因为不同学科基础在不同层次组学习。

理论讲堂

　　在单式班复式教学中要遵循一定原则。面向全体,这是单式班复式教学的基本指导思想,也是单式班复式教学的出发点和归宿。它要求教师牢固树立"为了一切学生"的观念,坚定不移地相信全体学生通过恰当的学习方式都能达到理想的学习目标。要摒弃应试教育中只注重少数尖子生的陈腐观念,面向全体学生。

　　分层推进,这是单式班复式教学的基本教学方式。首先把一个教学班内明显表现出来的有智力差异的学生划分成两至三个不同的层次,然后将教学目标加以分解,针对不同层次学生的接受能力,在同一课时内分别讲授深浅适度的内容,布置不同程度的作业,加以相应力度的辅导,使优等生有奔头,中等生有学头,学习困难学生有望头。层层分解,层层落实,层层推进,最后共同达标。分层不是加大分化,而是通过分层实行有针对性的教学,这是关键所在。

　　动态优化,这是对单式班复式教学基本过程的概括。分层绝不是分后一成不变,要随着学生知识的增多、智力的发展、能力的增强,适时调整每个学生的"层位",不断地推动中等生、扩大优等生、转化和减少学习困难学生,在班级形成你追我赶、不甘落后的良性循环,充分调动各层位学生的积极性和主动性,缩小学生间的差距。这是单式班复式教学要解决的核心问题,也是它与应试教育教学模式的重要区别。

　　同期达标,这是单式班复式教学的终端结果。单式班复式教学采取分层施教的方法绝不是要降低对某部分学生的教学要求。表面看,分层教学后对各层次学生的要求有高有低,会造成学生学习目标的分化。其实不然,分层后学生的学习起点虽然不一样,但前进的目标还是一致的。他们各自从自己的基点(基础)出发,通过不同程度的努力,最后都达到课程标准要求的基本目标。这里的同期达标不是同步达标,也不是同等达标。不同层次的学生都要完成基本的要求,而学有余力的学生完全可以向着更高、更新的目标前进。

第3节
单式班复式教学过程

目前,单式班复式教学很少有人提倡,认为单式班复式教学是落后地区采用的教学方法,理由是改革开展30多年,我国的国民经济水平得到了巨大提高,温饱问题已经解决了,全民正在奔小康,单式班复式教学不符合当前我国现代化的国情,单式班复式教学对不同程度学生制定不同教学目标、教学内容,采用不同教学方法,布置不同作业,同时加重了教师的负担,教学质量难以提高。你认同上述观点吗?

请将你认为的异同写在下面的空白处:

请你完成下列活动后,在单式班中尝试采用这种教学模式。

活动 15.3　做一做

在你的单式班中尝试对你班的学生进行分层次,备课时在哪些内容上分层次? 单式班复式教学有哪些环节?

实践应用

在采用单式班复式教学时,备课非常重要,首先要对教学目标进行分层,教学目标是指教学活动实施的方向和预期达成的结果,是一切教学活动的出发点和最终归宿,目标清晰了,课堂教学内容、过程才会准确,因此对不同层次学生制定符合学习实际的教学目标,但要保证最低层次学生达到课程标准规定的基本要求。同时按层次分组时既不能伤害学生的自尊心,又不能助长优等生的优越感,分类标准不向学生公开。

理论讲堂

单式班复式教学操作环节:

编组排座,这是单式班复式教学的组织基础,也就是对学生研究分类的过程。首先分析了解全班学生情况,也就是对优等生、中等生、学习困难学生的分类,它是复式教学的基础。在学生座位的编排上,不按以往单式班的“大小个子顺序或男女搭配”的原则,而是让同一层次的学生相对集中,以便于教师的分类指导和学生小助手的辅导,便于动、静态学习的交替。座位的编排既要分清层次,又不能伤害学生的自尊心、助长优等生的优越感。这就要求教师对全班学生的学习情况和心理状态、性格特征都了如指掌,以便做出正确的判断和科学的编排。分类标准不向学生公开,根据学生的学习基础、学生的爱好特长、学生的兴趣,把学生分成 A、B、C 三组或者 A、B 两组。并给每个组起一个颇富教育内涵和个性色彩的名字(如骏马组、雄鹰组、太阳组、月亮组等)。对学生的分类不是一成不变、各科相同的,不同的科目对学生可以进行不同的分类。如有的学生在数学科分到 A 组,在语文科就不一定分到 A 组。有的学生语文、数学成绩差,但爱好自然,在自然科就把他分到 A 组。这样就消除了优等生的傲气感,树立了学习困难学生的自尊心,减轻了他们的心理压力,同时也能发挥学生的个性潜能,使各类学生都能“八仙过海,各显其能”,都向着自己的目标前进。

分层备课,就是将教学目标加以分解,根据不同层次学生的情况进行教学设计。既要从教学目的、教学内容、教学方法、指导学生学习方法、布置作业、时间分配、线路穿插、教具准备等方面做出各层次的教学安排,又要对各层次教学的时间分配、线路穿插等方面做出全盘统一的周密构想,最后形成一个统一的教案。这一环节要求教师不仅吃透教学内容,确定教学重、难点,而且要把教学内容和各层次学生的实际基础、学习期待联系起来做统筹分析与安排。因此它对教师的备课水平要求是很高的。

教学知识目标分层:教学知识目标进行分层,是为了对学生因材施教。因材施教这一教学原则,在我国已有两千多年的历史,是公认的优秀教育传统之一。孔子说,教育学生要看他的所作所为,了解他的历史,观察他的兴趣和爱好。在教学目标的分层研究中,主要根据 A、B、C 三类学生的情况或拓宽提高,或查漏补缺。

A 类层次学生:对该类层次学生的知识和能力的要求不受教学大纲限制,在可接受的前提下,可适当拓宽知识面,以加深对所学知识的理解,并解决一些综合性和富有思考性的问题,使其思维和综合运用知识的能力得以提高。

B 类层次学生:对该类层次学生的知识和能力要求达到教学大纲规定的标准。注重学习方法的指导和学习积极性的调动。除基本的训练外,还可适当增加一些灵活思考的问题,拓宽思维的广度和深度,加快其向优等生行列的转化。

C 类层次学生:对该类层次学生的知识和能力要求达到教学大纲规定的最基本要求。要注重学习动机的激发和兴趣的培养,应安排一些单项基本的或带有模仿性的训练,使其掌握正确的学习方法,逐步养成良好的学习习惯。

教学方法的分层:根据三个层次学生的不同特点,教师要选择不同的教学方法,使所有学生都能在自己的"最近发展区"内得到最大限度的提高。

A 类层次学生:以自主探究为主,教师适时启发点拨,作业主要是一些灵活性的巩固题和深化题。

B 类层次学生:可采用分组讨论、教师提示的方法解决问题。在掌握基础知识、具备基本能力的基础上,培养质疑能力和自主学习能力。自动作业采取基本练习与一定的开放性题目相结合的方式。

C 类层次学生:本着教学起点低、坡度小、内容精、重在基础的原则,注意教育内容的生动性、形象性、直观性,可适当穿插一些课本剧、教学游戏,以调动学生参与的积极性。注重培养学生良好的学习习惯并教给方法。自动作业以基本练习为主,同时对知识结构中的缺陷采取及时补救的措施。

课堂讲授的过程就是同步讲授与交替讲授相结合。同步讲授就是传授要点,指导方法。讲授时,运用激情、悬念、疑问、故事、事例、经验、实验等多种方法导入新课,拉近教材与学生之间的距离,激发学生的学习兴趣,并揭示课文的基本要求、中层目标和发展目标。讲读课文时,要注重传授要点,指导学法。教师按本节课知识的有机联系和不同层次的目标要求,科学合理地组织教学内容要点,并教给学生相应有效的学习方法,使不同层次的学生心理活动达到不同层次的教学目标。

交替讲授是单式班复式教学模式实质的集中体现。如果教师不是在同一课时内分层交替讲授,那就不是"复教"了。在这一环节中,教师要根据学生的情况,对不同层位的学生实行灵活的讲授。不同层次的学生虽然在学习中有共同点,但在接受的"度"上会存在不同,因而教师用交替讲授的方法使各层次的学生都学有所得,做到了在同一间教室的同一个课时内对学生因材施教。如何进行交替讲授?在教学过程中可以根据需要选择先给哪部分学生授课。在生字教学时,首先,采取给学习能力较强的两组布置自学任务,接着给学习能力较弱的一组授课,使其先掌握生字词后自己反复练习,直到熟练。然后再给优等生授课,优等生在自学的过程中基本上已掌握了生字词和课文的朗读,教师在进行适度的教学就可以了,从而保持学生对学习的新鲜感。分组学习这个环节包括"分组教"和"分组练"两种形式。课堂上教师根据学生的分类和教材特点灵活安排。"分组教"是指教师在同步教授的基础上(同样的教学内容)让一部分学生(C类层次,学习困难学生)继续由教师领学;一部分学生(B类层次,中等生)采用讨论交流、相互补充、相互启发的合作学习方法;还有一部分学生(A类层次,优等生)独立自学,教师适当点拨。在这个过程中要以学生为主体,教师为主导,自主探究为主线,发挥不同层次学生在学习中所扮演的不同角色的作用,动静协调,互不干扰。

分层作业是对不同层次的学生布置不同数量与不同难度、进度的作业,以巩固教师讲授的效果。这一环节是以学生自主学习的方式出现的,是课堂教学过程中"静"态的学习形式。由于前一个环节中教师已根据不同层次学生的情况进行了有针对性的讲授,因而这里的"分层作业"也是呈现出不同层次的,它是学生消化理解自己所学内容的补充,因而作业的设计应该是十分精细的。即课堂上让不同层次的学生针对各自不同的学习目标,选做不同的练习。对于 A 类层次学生,自动作业主要是一些灵活性的巩固题和深化题;B 类层次学生,自动作业采取基本练习与一定的开放性题目相结合;对于 C 类层次的学生,自动作业以基本练习为主。教师有意识地创造条件让学习困难学生向高层次突破。同时教师巡视,小助手反馈信息,教师做个别指导和纠正。

因人辅导不单指课后辅导,也包括课前、课中辅导。按方式来分,有集体辅导和个别辅导两种,而着重要加强的是个别辅导,以弥补学生之间掌握内容的差异。况且即使在同一层次上的学生在学习上也存在着一定的差异,那些在学习上感到吃力的学习困难学生就更需要教师进行细心的辅导,以使他们不致中途掉队,影响"同期达标"的实现。因而,"因人辅导"要贯穿于教学的全过程,涵盖课内外。

达标检测这一环节是"同期达标"的具体体现。达标检测分为过程达标检测和终结达标检测两种。过程达标检测具有诊断性、阶段性特点,终结达标检测具有综合性、显效性特点。因此,过程检测一般以分层要求为宜,而终结性检测以同一要求命题为好。不论是过程检测还是终结检测,都要切实把握好难度,试题要充分体现在特定教学阶段中的教学基本要求。发挥小助手作用——在检查学习效果时发挥小助手的作用,不用教师自己一个一个地去检查。教师先检查优等生,再让优等生检查剩下的学生。如果学习困难学生有不明白的地方,可以让优等生用自己的方式去教他们,会使其更好的接受,从而减轻教师的检查任务,还会使优等生在教学习困难学生时,使自己对所学知识掌握得更好、领会得更深刻,而且还会使课堂教学秩序井然。

及时补救是根据"分组学习和练习"环节中得到的反馈信息来纠偏补漏,对普遍存在的问题进行集体回授,给予学生第二次学习的机会。对学习好的学生,还可以提出更高层次的要求。这一环节的作用是通过检测和平时了解,对学生知识掌握的缺陷、能力形成的弱点,要及时安排一定时间或采取在讲授新课过程中结合进行的方式,做好补救工作,力争不要"欠账"。这一点对学习困难学生尤其重要,因为积累的难题越多,学生的心理负担就会越重,慢慢就会失去成功的信心,甚至会掉队。

　　循环总结就是每结束一个教学过程(无论长短)都要对教学的情况进行总结。既肯定前一个阶段的成绩,又提出下一个阶段的新要求,所以这里的总结既是重点,又是起点,循环往复,持续推进。总结的形式和方法可以灵活多样,既可以有教师总结,也可以在教师的指导下学生自我总结。目的在于增强教与学信心,改进教与学的方法,提高教学质量。这种总结还可以与不同层次的教学评价有机结合起来进行。诸如学校的评价、班级的评价、学科的评价、课堂教学的评价等等。这样的总结就更具客观性、科学性,因而也就更具导向性。

第 4 节
单式班复式教学结构

　　单式班复式教学是复式教学课堂教学各环节相互联系、相互作用的表现形式,安排单式班复式教学,首先应该遵循复式教学和单式班教学课堂教学结构原理及规律。

　　仔细回顾,在你的课堂上"动""静"是如何搭配的。

　　你是如何理解单式班复试教学课堂教学结构的? 它与单式班教学、复式教学模式有什么不同与联系?

　　请将你认为的异同写在下面的空白处:

现将普通课堂教学行为进行反思后完成以下活动,可以帮助你梳理教学各环节之间的关系,并进一步理解单式班复式教学课堂教学结构。

> ## 活动 15.4　画一画
> 请在笔记本上用你自己最熟悉的符号画出单式班复式教学课堂教学中"动""静"环节之间的关系,以及各环节之间的表现形式,合分式课堂教学结构的时间分配情况。

实践应用

单式班复式教学的课堂讲授的过程是同步讲授与交替讲授相结合。同步讲授就是传授知识要点,揭示教学内容的基本要求、中层目标和发展目标。教师按本节课知识的有机联系和不同层次的目标要求,科学合理地组织教学内容要点,

交替讲授就是教师要根据学生的情况,对不同层次的学生实行灵活的讲授。不同层次的学生虽然在学习中有共同点,但在接受的"度"上会存在不同,因而教师用交替讲授的方法使各层次的学生都学有所得,做到了在同一间教室的同一个课时内对学生因材施教。在整节课注重"动""静"的合理搭配。注意,单式班复式教学一节课分开学习时间不能超过 15 分钟。

理论讲堂

单式班复式教学的课堂教学结构是"合分式"课堂教学结构,"合分式"课堂教学结构是在一节课里,一个班级中,分层次编成两三个组的教学活动,有和有分。"合"具有单式班课堂教学的特点,进行"同"的教学内容。"分"是借鉴复

式课堂教学形式和方法,采取"动""静"交替转换,进行"异"的教学内容。

表 15-1　合分式教学程序

形式＼组别	A组	B组
合	习旧引新　导入新知	
分	【静】 看书学习　自学新知 【动】 质疑问难　掌握新知 创造思维　培养技能	【动】 启发引导　准备铺垫 精讲释疑　教学新知 【静】 看书练习　巩固新知
合	反馈回授　解决难题 板书演练　突出重点 典型强化　教学小结	

合分式课堂教学结构的时间分配:

"合"与"分"的时间安排,要看教学内容的难易程度来定,较难的"合"的时间要长一些,较容易的"分"的时间要长一些。在一节课中"分"的时间一般不超过 15 分钟。

总　结

单式班复式教学是针对学生个性差异的需要开展的教学,单式班复式教学同时也是贯彻因材施教原则的需要采用的教学模式。单式班复式教学符合基础教育新课程改革的理念,并且在渗透课程改革理念中有着自己独特的优势,更有利于学生采用自主、合作、探究的学习方式,有利于因材施教兼顾学生差异。在全面推进课程改革的过程中,全面提高教育质量和落实素质教育,关键在于教师。只要农村中小学教师认真学习新课程理念和课程标准,真正领会基础教育课程改革的精神实质,努力转变教育观念,在自己的教学中发挥单式班复式教学的优势,大胆采用单式班复式教学模式,就可以满足不同学习基础学生的学习需求,必将大面积提高教育质量。

参考文献

[1]〔美〕约翰·古德莱德,罗伯特·安德森.不分级小学[M].谢东海,吕雪金,袁文辉,等,译.北京:教育科学出版社,2006.

[2]〔美〕Dale Scott Ridley,Bill Walther.自主课堂[M].沈湘秦,译.北京:中国轻工业出版社,2002.

[3]〔美〕David Fontana.课堂管理技巧[M].李彦,译.上海:华东师范大学出版社,2002.

[4]〔美〕Raymond M Nakamura.健康课堂管理:激发、交流和纪律[M].王建平,等,译.北京:中国轻工业出版社,2002.

[5]〔美〕Vernon F Jones,Louise S Jones.全面课堂管理:创建一个共同的班集体[M].方彤,等,译.北京:中国轻工业出版社,2002.

[6]〔美〕Thomas L Good,Jere E Brophy.透视课堂[M].陶志琼,等,译.北京:中国轻工业出版社,2002.

[7]〔美〕G M Jacobs.共同学习的原理与技巧:通过共同学习学会共同学习[M].杜林,马容,译.北京:中央民族大学出版社,1998.

[8]〔美〕Thomas Lickona.美式课堂:品质教育学校方略[M].刘冰,董晓航,邓海平,译.海口:海南出版社,2001.

[9] 孙冬梅.复式教学[M].西安:陕西人民教育出版社,2008.

[10] 孙冬梅.课堂管理[M].北京:人民教育出版社,2009.

[11] 孙冬梅.课堂管理策略[M].北京:高等教育出版社,2007.

[12] 孙冬梅.课堂管理[M].北京:人民教育出版社,2001.

[13] 孙冬梅.课堂管理技巧[M].北京:人民教育出版社,2004.

[14] 孙冬梅.有效的参与式教学[M].兰州:甘肃民族出版社,2005.

[15] 邓朝喜,潘旭.复式教育学[M].重庆:西南师范大学出版社,2002.

[16] 中国联合国儿童基金会合作加强师资培训项目复式教学课题组.复式教学[M].北京:北京师范大学出版社,1995.

[17] 赵玉池.参与式理念下的复式教学[M].重庆:西南师范大学出版社,2009.

[18] 贺德起.小学复式班教学[M].北京:光明日报出版社,1990.

[19] 涂文开.开心课堂[M].北京:清华大学出版社,2009.

[20] 中英甘肃普及九年义务教育项目领导小组办公室.教研员专业发展指南[M].兰州:兰州大学出版社,2009.

[21] 陈桂生.到中小学去研究教育:"教育行动研究"的尝试[M].上海:华东师范大学出版社,2001.

[22] 杜萍.中小学教学与管理案例分析[M].北京:教育科学出版社,2001.

[23] 郭志明.教师语言艺术[M].北京:语文出版社,1992.

[24] 贾晓波.心理健康教育与教师的心理素质[M].北京:中国和平出版社,2000.

[25] 李晓文,王莹.教学策略[M].北京:高等教育出版社,2001.

[26] 皮连生.教学设计:心理学的理论与技术[M].北京:高等教育出版社,2001.

[27] 皮连生.学与教的心理学[M].上海:华东师范大学出版社,2000.

[28] 施良方,崔允漷.教学理论:课堂教学的原理、策略与研究[M].上海:华东师范大学出版社,2000.

[29] 唐思群,屠荣生.师生沟通的艺术[M].北京:教育科学出版社,2002.

[30] 唐晓杰.课堂教学与学习成效评价[M].南宁:广西教育出版社,2002.

[31] 吴康宁.课堂教学社会学[M].南京:南京师范大学出版社,2000.

[32] 钟启泉.班级管理论[M].上海:上海教育出版社,2002.

[33] 钟启泉.新课程师资培训精要[M].北京:北京大学出版社,2002.

[34] 朱慕菊.走进新课程:与课程实施者对话[M].北京:北京师范大学出版社,2002.

[35] 陈时见.课堂管理论[M].南宁:广西师范大学出版社,2002.

[36] 杨东平.教育:我们有话要说[M].北京:中国社会科学出版社,1999.

[37] 余新.多元智能在世界[M].北京:首都师范大学出版社,2004.

[38] 宋乃庆,等.中国基础教育新课程的理念与创新[M].北京:中国人事出版社,2003.

[39] 吴效锋.新课程怎样教:课堂教学问题与对策[M].沈阳:辽宁大学出版社,2005.

[40] 叶禹卿.新课程听课评课与优秀案例评析[M].北京:中央民族大学出版社,2005.

[41] 徐世贵.新课程备课问题诊断与对策[M].天津:天津教育出版社,2009.

[42] 胡文斌,白天佑,张兆勤.学校发展计划培训教材[M].北京:教育科学出版社,2008.

[43] 刘旭东.教师专业发展[M].北京:高等教育出版社,2005.

[44] 姬维多.校长与学校管理[M].北京:高等教育出版社,2005.

[45] 王道俊,王汉澜.教育学[M].北京:人民教育出版社,1999.

[46] 叶澜.新编教育学教程[M].上海:华东师范大学出版社,2006.

[47] 皮连生.教育心理学[M].上海:上海教育出版社,2004.

[48] 祁之宁.复式教学应注意些什么[J].青海教育,2000(1).

[49] 吴启瑜.村小复式教学常规管理初探[J].安徽教育,2002(20).

[50] 于春盛.复式班教学的几点启示[J].黑龙江教育,1998(12).

[51] 孙冬梅,曾涛,黄坤.复式教学"同动同静"新模式探析[J].天津师范大学学报,2010(1).

[52] 李玉安,王锡全.改进复式教学 优化"动""静"交替[J].甘肃教育,2002(3).

[53] 中央教育科学研究所调研组.我国偏远地区基础教育教学改革创新个案研究[J].教育研究,2007(1).

[54] 唐德海.复式教学过程师生关系新解[J].基础教育研究,1996(3).

[55] 刘忠祥,刘根元.规范复式课堂教学之管见[J].山西教育,2001(7).

[56] 王福友.小学社会课在"不分年级教育"中的实施:从美国的经验看合作学习对小学生的意义[J].浙江教育科学,2002(2).

[57] 曾丽红.浅谈芬兰"不分年级制"的教学模式[J].成功·教育,2008(8).

[58] 李勇,李俊杰.芬兰高中"不分年级制"教学模式及启示[J].世界教育信息,2008(8).

[59] 雷天林.复式班的课堂和黑板[J].湖北教育,1984(5).

[60] 邵毅.复式班教室布置一式[J].浙江教育,1989(3).

[61] 吴启瑜.村小复式教学常规管理初探[J].安徽教育,2002(2).

[62] 孙冬梅,孙蕊林,彭文涛.西部农村小学复式教学的调查研究:以甘肃L县为例[J].上海教育科研,2008(9).

[63] 刘章富.试论复式班教师三个方面的教学能力[J].师资培训研究,1994(4)

[64] 徐红莎.小学教师的素质结构及其培养[J].江西教育,2009(Z3).

[65] 赵静.新课程背景下教学常规的重建研究[J].上海:华东师范大学,2008.

[66] 汪来九.浅谈多级复式教学[J].安徽教育,2009(4).

[67] 杨国春.复式教学管理初探[J].教学与管理,2002(12).

[68] 沈小碚.教学组织形式研究的发展及其问题[J].西南师范大学学报(人文社会科学版),2003(1).

[69] 高玉英.动态层次班级教学制:班级教学组织形式的一种变式[J].教学与管理,2002(33).

[70] 程培杰,李岩.小组合作学习的教学方式对当前我国教学组织形式改革的启示[J].中小学教师培训,2001(2).

[71] 吴平.教学策略研究及优化探讨[J].现代中小学教育,2008(1).